THE

SEATTLE

PUZZLE BOOK

IT'S NOT SEATTLE WITHOUT...

☐ SPACE NEEDLE

☐ RAIN

☐ PIKE PLACE MARKET

☐ PUGET SOUND

☐ FERRIES

☐ MOUNT RAINIER

☐ COFFEE

☐ DISCOVERY PARK

☐ GREEN LAKE

☐ WHALES

☐ KAYAKING

☐ NIRVANA

☐ GUM WALL

☐ FREMONT TROLL

☐ BEECHER'S

☐ SEAFOOD

```
R U U Y C F U T X G R E I N I A R T N U O M K G F I G I G K
Y P Z D T X R F V S J M C Z A V B U D C R R A Q J T S S W B
V A Y R G O N E B J T N D P X Q U R O D Z M F C G B X Y S H
S G K J H O W C M U K W C O J M N O N P H G C L H D X B H J
H R B H S N P J O O U L P R L V S J A S R K B J C Y C V C
A K E Q Z Z X T B D N C W C S L J G M F N Y R E C O Z Z V V
F R X H A Z R X U D V T I H R U Y M N O M Z V X E F F I E U
Y T G Y C G P N T G F C T Y A F F M G I E M D M J N W B K D
T T L B X E X T E K L U V R L L D E J Q K S R F H H L W O D
Z A D Z I Y E B O R Z W D M O L E T N P E A W R N G G A H O
F L U K Z P N B S W M S T W D L A S B U D D Y F J G N N K W
L T T I W R N D B Z I Z J H H R L W V X F F L A K U M W T E
G U K A F H A C Y E N B L G W I U Q M L W O X C K A B G H W
Q L G X S B O Y H Q B V K C K T R N T U U P I F B H A I K H
O S S X J Q K X V O C F P A H M W W U P G Q U U P G K P K N
X P W Y N G R E Q Z H X N H H Q C I U Y H R V I Z B A B A
C T M H E F A K V R A A W J Y W E I G U O A C G K W V B N J
M E F H X Y P T S U V R Y L J G Q A R R D H W J E D A E I H
U S V F R W Y V A R S J V W J P W P R M C M A U P X Y S P M
H N H G R K R B I N M S J P K E F G I L F Z N E L T P R Q G
I J W S T V E N J D B F D O X X M Z L P J E L X A A O J A H
A A T D U I V T C C T J J N M A A E B I J Q L N C X G V L M
Z I X I K W O S J X V Z N E H H X T I Z U P Z E E T T N Y J
L N Q O L C C K W X S X M W S W U Q T A F N N O M N J H M D
N V F U W T S Z D R Z S T X N D M E Q F D E V Q A Y Z D B L
Z D B U F S I G X N L X P N V D D J K M E D R E R H O G X C
F C X Z S W D Y D J U W V Y U C C Z M D N V M X K T X S O D
G E O T K I Q A Y P C O Z K Y F J L L N C V Q E E Y T Q N V
Q R N E G Z G B N F O E S U N D Z E S D V P V E T W Y H L A
E O M H D M T F K K E F T E F K Y K E Y J N F D A G Z Z D
J T G B H H R O K E A T Y W E Z F W P X I A A F D O Q N I Y
F F H Z D C S Q V F H M L M G G O H H M J R N O M K K G C R
D E V J A Q A U O M X I Q M J C U Q Q Y V R R C H B G T M O
U K X S Z G V O R E L I Y M L Z O P N I A R I E R P C R K F
L W P Q E G D Y J I X M B X L D X Y N E E W Z A F E Z N H I
J O O I T H N V X Y T E C G S D A S P V E E G L C I J N G E
J U L K O T M D I S B A G B R L E H V M J R C T W P C X Y P
W I B K B T P A K D A I G J N O P A W L X D N K P P Z Y T O
E C H R L Q B I A W Q C M N X W B X E W A U I A R P V N R D
X S V Z L V G G Q E N J W U U J G R X W J P L K S D G H N J
```

THE SPACE NEEDLE

- ☐ TOWER
- ☐ OBSERVATION
- ☐ ICON
- ☐ ELEVATOR
- ☐ SKYLINE
- ☐ VIEWS
- ☐ MOUNT RAINIER

- ☐ CASCADES
- ☐ ARCHITECTURE
- ☐ SKY CITY
- ☐ GLASS
- ☐ BASE JUMPING
- ☐ ICON
- ☐ RESTAURANT

```
B U S B E G U A R E M H F W U N Z L E N H X A G K Q T O I S
R R H A H E X W W C Q I C U Q V B F A T H O P P P D F D M U M
L T T T E E V Z A C R D P N Z K I N P R V A F P Z M W E O T
Q U O M X X I Z P V A B V V V Y S O Y T W Z H F F P H U F C
X R R D E K X B I Y W Z E Z P N D Z T V I L F L J A N W Q N
J B B B B H A P W U Y H W V D S O A P K R I P R L T J Z E A
C B U P O V I D D E Q R M I T B A C P O K Z Y A R K L P V V
V T Y K K X I H W Y L F Q A Y H C Q I O I J B A W H Q Y I R
Z Z T I R L N W H R X E L D H Q T M U O R P I D H D A A J O
Y N Z X M E T H V K T I V Q Z L W F T V T N G A H J C V B Q
P Z P E V R B F R T V G J A T D I I E I I V S X V N P U H R
T Z A B L T E Y O L D M V T T M W Y P E U C I A G J F X C C
M Y Y L L G O S T M W N Z J M O H L R S K Y C I T Y H K U T
V J E D Y I N O V J M Y K N X N R L N P I I F N T P I R G G
U O X G V O Z A I C S G B P P E M E S R V Z A E F E F H Y W
R R R D Q D J P E R B A V Y S Y M U M G X R U D K K D X L L
V J V D N C E A W H L F P T M H G V Y Z Z J T R V C B N R V
U N J S W G Q B S K Y K A W K H Z W G Q M G R Z J B S W Y C
V A Q J R J W E J S D U O H F E R G R B J R U W I C F J T Z
X H B U L N I Y L U R Z B A I X T Z W U E Y S Y D L Q H G N
S N S B N N V D E A L R E O B Z F I O M J M T T V I I T V Y
R W Q H D Y C S N I Y S M Q V A K K F U U P W K L V N K A C
N K Q A A N D T H C F G F F O Q J G O C W O Z B U O P S U I
Y G T Y W P M B Y Y O B S E R V A T I O N D I Y D U A A N A
B C V O P D Y Z Q G A S C C W R Q B F R M R N N I K N Y W I
R Q R Q R E U F K L C V F P H Y C L E L O G N K K V F N C J
I W F J I Z I P A O C I V K F M K O N K O E C F E N X N G S
M K R B B E A V Z Q M I N M A W E W V W E K F R F Y E C X S
A O U A Z K V G E U H G T Q J L T P V R D N U B W S J P E S
N Q I S R I C A S C A D E S R R A J U Z U T I F C R M X X A
A Z J E E S R A H B X X S J V J Y I X V C H V L K N U G H L
B Z V J N G Q U A E C L O T U L G F W E V L L W Y P X B Z G
C N Q U U G J K G I L F N B R S Z J T Q J U C K U K G T A K
U N W M G M A I S W M A F K Z O J I R W F Q D X F B S L W D
O J Z P L N B N Z C A B Q M F M H N B N K R E G L N D H B U
H U P I T N H M K U O K Q C R C M O K U C H X S B X B T L G
P N D N U H M I Q B J B E F R O C K A N R E W O T K N B M E
H E D G Z Z F U M V S W Z A X R O V K T T U A I U Z P E N V
K N B N F J O E Z T D O J B J M E W P X Z O U L F W S K N W
E G S N Q C R K I I H X Z K Z B V L A C C W M E E W O X Y I
```

THE MUSEUM OF FLIGHT

- ☐ AIRCRAFT
- ☐ WORLD WAR ONE
- ☐ WORLD WAR TWO
- ☐ EXHIBIT
- ☐ HISTORY
- ☐ NASA
- ☐ TECHNOLOGY
- ☐ SPACE

- ☐ FLIGHT
- ☐ ROVER
- ☐ BOEING
- ☐ MILITARY
- ☐ CONCORDE
- ☐ WRIGHT BROTHERS
- ☐ SIMULATIONS
- ☐ ARTIFACTS

```
C Z L T N B M D S X X X K S C O G U O D E Z K D B K E C P E
L C B T T R W E N O R A W D L R O W G W A B R R Y E V Z I T
T T I Q J D Y G O L O N H C E T L S X O P Q T W N T N K C H
D K H T N Y E I I R Z Y K S V W G N I E O B Y G G S J I Q C
O U P M T I L S T Y Q K A Y B L M E V L I K K C Z O R W Z Z
X A M T B Q I S A J O V M T G I K G X G H D F L G S W R K T
K S T F P D W D L H N A C Y E T K G D B I M Z G R I E Y S P
H C X P G Z D Q U S L L V N R S L Q A C J E D X G B B Z N L
N Q H Q N A S A M G R H H X U S T C A F I T R A J O D I V F
B Q N F D F N O I B T U S H K R L R N V I N Y C Y A Y E B Q
A A F E U F W L S W X F S K S T E R E R W Q Q Z H V F J A N
B V G U S L S L H D R D O Q B V G K G N V S H X E C G P E Y
L S I H B I Z W M U K N A K O D U G Y N C S X Y I Z X C Y R
B Q M S R G L X T U H X Y R O T S I H U N T W K K L T M J D
M M F V L H Q E O C S X U H I S Q E Z K S E F S D L U U P K
B S R E H T O R B T H G I R W G C J X A N B C F G Q Q N S C
Q Z T V M F Y O U L B Z H T I Q O M K J M I N I R F A I C H
H K X T L A S I F O C C U R C R T E O W P Q Z G P M F K Z M
V U Z A M R O Y Z N O F A Z M C T M O W D I Y X P B G G H J
L X J A R C P F O S X R C T L E Y L T H B J S D O M U L M N
V P X E X R B C P I O H E D X X I X F F B X D H U G V H R I
L S F J A I K U C S I X R Z M H V I G X I C G P O Y Z A Y U
U F A X B A Q T Y J L O M Q D I T A Q N I L N J X U K Z B N
C Z E C E M D G Q Y R W V F H B E Z W Q W Z A I P S O Z A Y
G Y K U A L M X L H D N V Y F I W J S C V J G T V Y R Q V H
E E R K W V V A Y N X L E X O T K W J X G U D X K J I L L U
V T Z A E B R G J Q F K C Y U S X X L I S S T H N Z Z X D U
L F P D T Q Q Q O L G G C S E B O Q T G Y A F X L I C Q O C
M S H R K I Y O Y G A P D C J N W L M D U F H Z T A H A H U
V K C U V P L D E B T E T S G C T G T H N I Z Q D D K S V M
H L F I H N D I J O D N V Y N P R E W I F C G Y L L W C L F
U Y B W I V L A M M P E N P N A A L P K O P T W F T F O Z O
E Q Q I K N I E U T Y L S N L Q W U U N V K L R B V E F J X
B M S N Z R Z Z C D I H G H W O D J C N I U J C Q S K J P G
P O V I A T J O C A N S F N A O L O Y J T W V Q F X P N W D
O H S V J T U S G D P E N M B V R O H D T B S L P O J X R H
Z M V Q B X Q O L X A S L U D D O Z P J K T X H N S H G M N
V E I J E N Z E J C N N R E E Z W T H N N O V R Y D O A J P
C G I B S V K O W G Q U S P Q U X C K H Z P S D R N V L I T
E J Z F G C P L I Z L M Z U E P I A G E H K D U Y J I U X Y
```

ROLLING THE STREETS OF SEATTLE

- ☐ FIFTH AVE
- ☐ BROADWAY
- ☐ ALASKAN WAY
- ☐ PIKE ST
- ☐ PINE ST
- ☐ STEWART ST
- ☐ SOUTH KING ST
- ☐ FIRST AVENUE
- ☐ DENNY WAY
- ☐ EMERSON ST
- ☐ THE AVE
- ☐ COMMODORE WAY

- ☐ RAINIER WAY
- ☐ RENTON AVE
- ☐ BEACON AVE
- ☐ CLOVERDALE ST
- ☐ ALKI AVE
- ☐ BEACH DR
- ☐ GENESEE ST
- ☐ CALIFORNIA AVE
- ☐ LATONA AVE
- ☐ MARGINAL WAY
- ☐ GREENWOOD AVE

```
I M U U V B S U A M Z Y S D T N Z A P Y U C I N P T X I L L
Y U S E S M W V U S F V A P G K N J S E V I N D Q I O G X A
T U A G N E E P B W Y S U Y X X B T I P X L B Y S N A U M D
B M O N P N H Q V T A W X I L J E E V A N O C A E B I U I T
I X O D Y X Z D V O S X A Z Z N P D P G V C H V Z Z D H S
V D C S T B G A R A Z T K E X Z Q R F C I M U F P F L X I U
G W A P Y E J D Y Q V F L V G B P Z L H P T K W R C M S A D
D W L R S S M H C P P K H A E H C M O G U A A Z D C J N I Y
A Z I C T C D G F I R S T A V E N U E K S U Z E H M U X G E
O D F I E Z U B N F B S T N G E W R E O K S A R C Q S H T O
T N O H W O W N A R S Q I O F I U Q V W C M X H A M X X D B
H Z R D A R X Z K H T C E T I O E U A W Z Z W F E W H J K C
E K N P R Z G X Y J O O V A K V X O N H Q E Q Q B J G M Z L
A O I O T T N Y C A C M Y L C G T X O G P M Z D W M P A R O
V T A H S H S Q F V L M N J G H Y B T V P Q I Y O P P L K V
E A A S T T Y N B Z U O Z S X E E F N L V L T X F I T G J E
W S V C Q P N L O T F D F U K S E L E V T Q S L Y N F V E R
Q K E X S U U D Q S D O Z V B G R B R F D Y E J T E W M P D
G D T H O I G K B N R R Z V N W U U S O I K E Z H S D P I A
Y K G V P E Z A K T A E S G M I E E M K Q F S T T T S T U L
B W N S X V W P O K F W M R C I B L P K V N E W B M J D H E
B P C E U A U P B A K A N E T Q L M I S V O N D R U Y U T S
K Q Y U C H Z D E V D Y F I N W F Y K A C U E B O L H E S T
A F M A X T J G R E E N W O O D A V E A B R G F A L F G G C
Z Y F T T F P Z T V A I L L W L V V S C Z E C L D L Z L W S
U B Q E X I L A T B B N N K E N A M T T P K N C W G C U N H
U M U G Z F J L Y T J K Q R J I T U Q B J Q G G A S P Y U R
P T K R B K K R Y S D L H K V D K B D G O U E Y M N J U B
U F G V S N V V A N M Z I L T U I R H Q J O L O Y U U Y C N
A J Q M M Q T W N Y B U A X F S D A M U N R M N A U G X G G
V G U Z U R R S E N O S E N W D L R O R Z G U S F H W X W S
K T V I Y E T A G M M D Q T W R C Y A W Y N N E D D R O O
Q Z T H I K X B T N U S L W O K Y A W N A K S A L A F L X T
N H C N J X U F L I I C M A R G I N A L W A Y M M G P E N U
B D I K I Z O N B F S K P G C X J I O N R Z J O Y W L G S B
L A R R M Q I I B D K C H E G R Q O Y I V S U Y Z K F Z E M
R P U W U J F F G U C A M T X I T Q C N G I B G L T T H R A
X F W K D P D U I A L D W C U P W X L J L G Y P Y G V T H F
K Y J I L N S C W K C N T H R O K N W W H Y L N W S U X Z R
A W X Q R I X B J K P T J E S W S G Y U S E N N Y X O V O H
```

WHO STRIPED THIS PARKING LOT?!

Someone goofed when they striped Seattle's newest parking lot! Can you stay within the painted lines and still get your car through?

WASHINGTON HISTORY

- ☐ CHINOOK
- ☐ LUMMI
- ☐ QUINAULT
- ☐ MAKAH
- ☐ QUILEUTE
- ☐ SNOHOMISH
- ☐ KLICKITAT
- ☐ CAYUSE
- ☐ NEZ PERCE
- ☐ OKANOGAN
- ☐ PALOUSE
- ☐ SPOKANE
- ☐ WENATCHEE
- ☐ YAKAMA
- ☐ JUAN PEREZ

- ☐ DE HECETA
- ☐ JAMES COOK
- ☐ GEORGE VANCOUVER
- ☐ PETER PUGET
- ☐ ROBERT GRAY
- ☐ COLUMBIA RIVER
- ☐ FORT VANCOUVER
- ☐ TERRITORY
- ☐ YAKIMA WAR
- ☐ FRASER GOLD RUSH
- ☐ ENABLING ACT
- ☐ GRAND COULEE DAM
- ☐ BERTHA LANDES
- ☐ MOUNT ST HELENS

E M D V A T E C E H E D O M P F V A S G Z Y T Z H B C W W R
P N K U V O L R Q W A A Q V K H O Q I V C U W T W U G Z Y D
D N A D F Q F U P K A B L O C R J Y T I C J C Y A K A M A I
O R O K L A I E M Q W X Z Q K P B A B Z D A R O W V J D H E
X V A P R L R O R M X O I G M O O T T S G T T R M V J N U L
B K N P E K Z Z A E I R S C K J O U O N J F E Y Z A Q X N Z
C Z V U T B S B M P V E N N L Z C N I Q V T S R E S V M B G
P N T Z R G Q G N E M V V U E P J L I G J H Y L R M S H T K
L E I K J N L L C T N U W G Z L B G Q H O V I J E I G V V W
B D P P N W Q E Z E V O S K X A E V X U C V K Q P W T I T C
C G K D O O L E G R V C U E N P C H W S R F T S N Y U O Q T
Y R I M Q L I Y D P Q N Y E D N H T T E B L I X A C S J R A
K Q X V P T Z L X U P A L Z T N S Z N S N G I Q U D R Y P Y
M O E L J V P N S G X V C N V S A Z H U T A I M J A G L J O
B E O N X X G Q A E Z T S H O S J L O S H N T G H M F R M V
P V S C V I W P X T Q R B R N R Q A E I Q U C K Q W A F P
D B X G S Y M I T O B O T B G A G C K H X M Q O H W B W U F
W C J Y F E O E S N R F P Y O G J E N Q T E O Y M E Q A K E
G R H F N R M V B W Y L I D P O K Y X F X R S H J K E M U V
Y O W T C W V A Q I P T K M V N Y I H J J F E M O I Y I Q B
V J Y W B U J S J L Z V K C G A O U V J Y S Y B B N W K Z K
M A D E E L U O C D N A R G G K X F A H G V J S F Z S A U L
Q Q J X O R M S I R D X L W C O O H V B Q X U M T B N Y I C
X U N N U E T I L K Z H D D L F F C H Q S J X X C H V F T U
E I T P Q V F A C O L U M B I A R I V E R U L H S O N H B H
H A H Z M U R Q T E C R E P Z E N A B Q A T K C B C O D Q Q
U M E B B O G F X I A C Q E J I F P S M P Q E U F S G T J F
V I S A M C E J G Q K K U N V K T V T E W B C D H Y M L M W
F R D S D N F D R E H C R O E C A B L X R L A J I I T U K F
P J V B B A D T F D X R I L N H A C E T U G H L F K A A Y B
O N Q P I V X N T U C X E L A M R K N U T L O N N T Z N N O
N S T E Q E N X F W C G M S K J B A M V V Z O L R K G I L N
H H H C U G V E Z I C L N B O X F U S A L W E F D G I U R N
K U H J G R M P I V P V N A P S G S V U K N U E J R C Q Y U
W N W L E O U E A P P P M P S D C A P X M A K Z B Z U V I Y
C A Y U S E R H I Q K H D J Y C A B W F W S H I L D T S H S
U B U E R G K S O C J G B K Z T F K B V U O I X C W Z V H V
P D B Y S D K D Z G C B I R C E S U O L A P E B S N F A S W
S E F U U W L V R O B E R T G R A Y W E X X D X C Z Y N B W
W X X A Y V Z G R X W Y J G I L W U U G L L H D V Q S Q W F

A TASTE OF SEATTLE

- ☐ ZYLBERSCHTEIN'S
- ☐ CAFE FLORA
- ☐ DAHLIA LOUNGE
- ☐ EL GAUCHO
- ☐ CAFE LAGO
- ☐ MANEKI
- ☐ RAY'S BOATHOUSE
- ☐ TULIO
- ☐ MONSOON
- ☐ THE HERBFARM
- ☐ HARVEST VINE
- ☐ CAFE JUANITA
- ☐ THE SHAMBLES
- ☐ JUNEBABY

- ☐ ADDO
- ☐ FRELARD TAMALES
- ☐ XI'AN NOODLES
- ☐ OFF THE REZ CAFE
- ☐ JERK SHACK
- ☐ PLUM BISTRO
- ☐ LITTLE NEON TACO
- ☐ THE PINK DOOR
- ☐ PINEAPPLE
- ☐ PIZZERIA CREDO
- ☐ SPINASSE
- ☐ ALTURA
- ☐ SIX SEVEN

```
U N M Y F O R J H X S J C D K Q T H E H E R B F A R M R Q F
T U H P U X O M L X L T A U Q Q J V S V Z W P D L S W D T W
E F W C K K N L Q F W F Q D G F D F D M J W N M F P N E S Z
U I K U M K H M B M N E E F R F E O U K P L T Z W B P D H F
E W C O E P F C J N L E S E X G A G C M H S X N P R V C P X
H W Y B A B E N U J R V L U B W U A Z B C V J B S L K D E H
U Q A U E A Q I Z U D A H G P G H L L D Q I A W K H V B O Z
Q D M J F D T L W C R F O X K S W E L U E K D D S C O Q X B
J U I Z V N I G R D S N Z Q K U K F T N I T A Y A B L S S Y
M O N S O O N Z T M B D Q R G U P A O H G G L N W R M X D R
A S U A D V V A K I A A E L Y V I C F A O L U E H Y I A M H
S K D P Q D M B B M L J S I B U S G P V G O O N Q D L G R P
Q F X I M A S N I E T H C S R E B L Y Z D Z J I T Q C H I Q
B R I Z L C L N H S U A D A B B Y E U E W P K V L T S Z T G
E Q I E P S O S R N R P Y H W Z R V H P L P B T S N F E E L
S K S F M L S E K I A V M L S T W M K I Z X W S N Y Y X G G
P T S E L D O O N N A I X L I A C P Y B C L V E I D R H B W
Q I T O H C U A G L E O H K F P T D A L I S Q V W Z N D H Q
L C D S A Y H D K C D W A Y A B O V H B D V R R G Q F E Z X
W X R O R W J B I D J V B H P E R P M H C A F A H I F W T H
Q Y L Z C G A S A H O F W U X D B M I L I U U H H J N H U Y
S E K M Y F D P Y O B H N P Q A K B M N B X U F U Q D D O C
S C W N G T X Z K R D M U Q Q E F A C Z E R E H T F F O R O
X P M H T X D Y F T S E O K R Y M I N R K A O A F R C C O Z
U Z I N B K Z C D S A L R C U I H F M A H C P P F U A P O P
D J J N P K F L J I R P Q C A W J B F P T H J P O Z R C D M
P W X T A L J B Z B O G D F A T D E L E T I C C L H G R K A
W G G E E S E S U M L L U E P I N I E N P F N V P E F O N N
C T K U B Y S D D U F S F G M U R O C B W O I A A U A B I E
Q U O W L D U E Q L E E C N S M C E E F F H S N U M K O P K
H X D X T F O U F P F L K U D W D F Z N C H W I R J R Y E I
Y V F G A D H E T A A B K O Q H T D F Z E E M P X K E C H T
F T S B D K T N P Q C M G L H T M F A F I L A F Y S H F T Q
W K Y V X I A Y A Z H A F A M J H Q M B R P T Y Y A E Y A R
C W Q J G D O K G G Z H B I I A Z P W D Y T L T E J K V M C
O U O D Z Q B M S B N S V L Q K U U Q S J P U N I J R N E W
T T X V O J S L S B J E H H A O T M N V P K M L F L I H K N
Z B O K D U Y G V D F H T A L H P Y T F I D K T I B C U K A
Z Q J T R W A I N O L T O D H I X B Z F R R Q W V O F N C P
X I V C A I R W U C X T O O X L Z P C I A O N Y W Z I K Q M
```

WASHINGTON CITIES AND TOWNS

- ☐ SEATTLE
- ☐ SPOKANE
- ☐ TACOMA
- ☐ VANCOUVER
- ☐ BELLEVUE
- ☐ KENT
- ☐ EVERETT
- ☐ RENTON
- ☐ SPOKANE VALLEY
- ☐ FEDERAL WAY
- ☐ YAKIMA
- ☐ KIRKLAND
- ☐ SEATTLE
- ☐ KENNEWICK
- ☐ AUBURN

- ☐ PASCO
- ☐ MARYSVILLE
- ☐ REDMOND
- ☐ SAMMAMISH
- ☐ SOUTH HILL
- ☐ LAKEWOOD
- ☐ RICHLAND
- ☐ SHORELINE
- ☐ OLYMPIA
- ☐ BURIEN
- ☐ LACEY
- ☐ BOTHELL
- ☐ EDMONDS
- ☐ PUYALLUP
- ☐ BREMERTON

```
L P Z P Z E D S Q S P A L R F G A O U P R C C J T G L W Z I
G I T F I C E P A G F W J S N N T O B Z K E N N E W I C K W
H F Z Y E T G J V E D Z U N A R Z Z Q R P I C S F S V O S N
V A R G J N D B M D E I R M F Y P G D S H N V P W C J T E M
K U J E P O X O F I K N C R G O Y G L T N Q O U T J V S A R
O Z R D W Q I M G G Y U T N Q D G H P Z L Y T G U K K W B R
M A A M D O J H T O F V W J T N C J W A A J D G M W K Z W H
C I W O D L Q Z X R Y V B I S T E W G J X K N I Q L C G O I
J R L N K G J N Z D M W C Y A I Y T H U S B O T H E L L X A
F C I D R B L V P N E I P A M W C D B Z G E P W Q O G V R O
X Z B S D E M T Y I F L D W M Q H T R R K E N T X B Y O I S
M O G H C K U C T Z U J E L A U J F O L E A R A A N T K J J
M H V N V Q A V I E A E P A M U Y E Z X Q M Y E K Q T L B J
Y W D K A P Z D E O R Q N R I G S U T W Z X E U D O A F S A
Y K S D B E G K B L V E K E S T P M W E K J Y R E M P Q V E
O H A A R O W S D U L B V D H J R E N T O N A F T Z O S T N
N P D W G M F T U T Y E B E U O L Y M P I A Y N G O U N D N
U J X C R G X C F V D H B F F H O P X W E C A K X V N R D I
M X B N O W Y I Q S H B A V R M J G N S E D U Z J X E V E T
A O L W Z M A G Y C V M B Y M A C W I A I R P N S N I I H L
U M U A Q V C H M A I C X G C P E J F X K P J K L H R X N Z
B B O O V B E K B K D M G U Z Z J L Y X V H F E H Q U F Q X
U Y P C Y C O G A A Q O T C S P M N T X E P U W H F B D Y U
R Y C H A F A Y A U Y S O C L P U S Q T L L N C X R O G H N
N O O O P T C U I W T I D W G J O Y E B A V L V N S T I L D
Z E H S I W T B B C X P R D E E G K A G O E Y H S F V Y T O
J I P W J H I V J F R P G P W K Z E A L P R S N O B E I H M
M D K Y L O F T P V Z H C A U J A E E N L J O P U R P H E U
G N J W X W P X D C S B Q S F T B L L T E U X I T G A P H Q
F D P D O F Z P F Q T K S H I A Z P I L O V P G H K W J N G
A U K B R A K B W T N I R V W E T O S K I W A T H O I M W M
G E W I V U X D Y S C R X E Y T J K P H Y V K L I L B I H G
I G P S U G N O D G H K K S V V N Z Z O L S V L T G O U H
O S F X M A H G N I L L E B W U P Y T N K R N Y L E P J P E
G P P A L Z E D N S P A S C O F O C E B F O E U R M Y Z V X
E K J H B S J G K T M N F U B Z P C U C F X S L U A E N G J
C G C X O B S A B S P D A U I I P V N I A D C E I B M R F D
G I H I P N H D S B Q S Q C N M R G E A N L J B N N V N O K
R B D T E V O W V U L S C W D Y P A V F V G O O V N E E P G
B X Z N G N B C X X D A X G E K O W Y W J L D F S T K D D K
```

DO YOU KNOW WASHINGTON'S STATE ICONS?

Across

1 State oyster

4 State fruit

6 State song

7 State marine mammal

9 State bird

11 State fish

12 State insect

13 State dance

14 State flower

Down

2 State gem

3 State endemic mammal

5 State waterfall

6 State vegetable

8 State amphibian

10 State tree

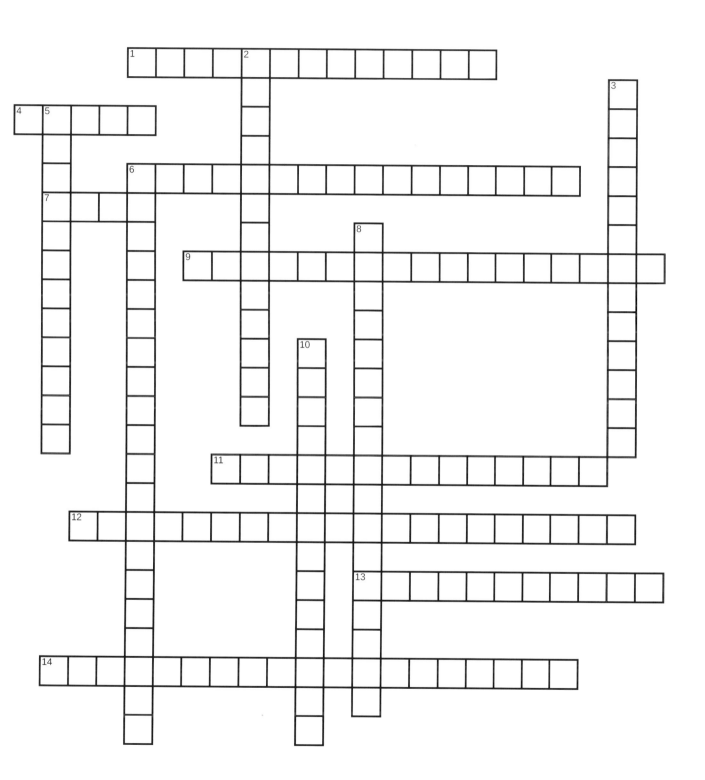

LOCAL CELEBRITIES

- ☐ JUDY COLLINS
- ☐ CHRIS CORNELL
- ☐ KURT COBAIN
- ☐ NICK CANNON
- ☐ BILL GATES
- ☐ NATALIE GRANT
- ☐ JEFFREY MORGAN
- ☐ JEAN SMART

- ☐ RYAN STILES
- ☐ RAINN WILSON
- ☐ GAIL DEVERS
- ☐ APOLO OHNO
- ☐ JOSH BARNETT
- ☐ DUFF MCKAGAN
- ☐ KENNY G

```
F J D Q B G Q X T Q F U L B I K Z O Y T K G Q R Y B W J W J
F R S E Z D D N R P Z N Z R I U P X N K N E M Z N R W R U P
I D I H L L N Z F L O K S X F R Q L A O A R R R W S R H M A
A V E C L U H U M Z V H F J W B C C Q F S G S Q M X Y U F T
L J U W L Y M M N T Z P L Y I C W R H J U F X J N W E Q I A
A S G K A I T G Z T V U G L F D E F K P K C P Y Z A K K A V
B V W F K E K Z H G L Q L G I W P G Y A Z I G D L N J X D B
V W H N F V D W M P D P D N J A U T C G F J F B V M U T B V
A F P I I S Y X F G X Z J A B A N P N B B Z O R S B L J K C
X A C A C H T D L P U N N F B M B V O B D X O S U J L L P U
U K A B T K F J Y X S G F Z L V M P Q T C I P Q A K E U H F
B X R O M S V K B D M O Y T M J H Q K D W E H J A A N W E T
R O L C C V K O K K W Q Y N S Y D B C R O L N W G A R X B V
Q F P T R M S G L D N L O X N E M K Y O N Z B D T K O D W F
K N Y R A P Y R Y A N S T I L E S T L E Z T J A X I C Q K A
K Q E U I W M Q E M H Q A A G L K L Z T K G L N J N S D E V
Z W Y K N C D Q G Y D C K G W U O I F R Z I M W X C I G W U
T A I S N I L L O C Y D U J L Q A P C F E A E C W B R Y P O
V B D Z W I W T U N I C K C A N N O N G R N U K E I H O I P
U S O Z I R E X A S Q L I X J Q D D R G W V Y B Z L C U D Z
Z F A W L I C R F F X C L C X B E A Y L E B M P C L G U O Q
J R D K S H E V V Y R K Y T U Y T N P S T I W Z K A G Z G N X
X D L J O W H H U U F F D C Y T E U A U X S M O B A U F Y F
K L W J N O A F K Y K U O Z Q X T U P H O Z P H V T Z F R D
T J L Z X K R T C L F H T U H Z L V G T Z I Q K Y E H V Q G
J W O A N L M J E F F R E Y M O R G A N M D R D L S K E X T
W L M S L H G N M K G M H W A M I L I G O P T N A I Z N A X
M M D S H Q U C B O G K R G Z W X X L Y M H F S J T F M H F
H C Z R L B K Z M T D N T E B N D H D E Q X S L G H X R U R
Y W L L E A A L I E L E Q R W F P E E R D G R K Q A D X E P
Y I P H G A M R X J I Z I J W M D D V E Z U Y T M S O H P Y
M T O A B X D K N A S I A S Q X C H E G I W L B H F R E H P
L C N N H Y W U U E J R T M T Y G Q R H K H V J U H S P G N
T J J E A N S M A R T A P U V S I A S J V T H U O E V G C Z
H G W B K S M R Y B O T M Y Z Y G A O N H O O L O P A Q N V
S D Y L T N D L Z R U Y G X W E J S O P H A R R K I Z P G U
A K Y O F C V L C F U F L P X Y Q Q G T B M V J Z J Y R Y Q
D G N Y G O P F I E A Y G V Y O M O F O W Y G Y Z U F S O W
V U M J L C E Y G Y M J C W A N O H Z G T T E B H X V Y I M
J A C V K D U X D Z C T Y O N K G N C C R J P K H Y B C O I
```

WASHINGTON BIRDS

- ☐ GOLDFINCH
- ☐ GOOSE
- ☐ SWAN
- ☐ DUCK
- ☐ MALLARD
- ☐ QUAIL
- ☐ TURKEY
- ☐ GROUSE
- ☐ PARTRIDGE
- ☐ PHEASANT
- ☐ PIGEON
- ☐ DOVE
- ☐ CUCKOO
- ☐ ROADRUNNER
- ☐ NIGHTHAWK
- ☐ SWIFT
- ☐ HUMMINGBIRD
- ☐ COOT
- ☐ CRANE
- ☐ PLOVER
- ☐ SANDPIPER
- ☐ PUFFIN

- ☐ GULL
- ☐ LOON
- ☐ ALBATROSS
- ☐ BOOBY
- ☐ CORMORANT
- ☐ PELICAN
- ☐ EGRET
- ☐ HERON
- ☐ VULTURE
- ☐ OSPREY
- ☐ EAGLE
- ☐ OWL
- ☐ KINGFISHER
- ☐ WOODPECKER
- ☐ FALCON
- ☐ NUTHATCH
- ☐ WREN
- ☐ THRUSH
- ☐ BLUEBIRD
- ☐ MOCKINGBIRD
- ☐ SPARROW

```
D W F X A K C S Z I E W O O D P E C K E R Z X C X G A V K L
J Q W Y H U Y X H E W Y F T E X D V P Q F Q O E M D X B X E
S R D M I X X V J P G B E E R P O T A K W N F E R Z A E T L
Y L E F A M K V F B B U A U W A T U G Y M N R I H U R Q F G
R F Y G A G H G F L W O L E M U M D M G P O B F M H B J I U
N L H K J Q H Y J G E X J L R E F E E V A G Z Q F Y O W W T
L Q V G U E I T L M P Q H K R S V H I D N N J I U K H D S Y
U I T A A Y N E X S S N E Z J O G Z R I A V Q M J E W C T Z
M O I U L P R U S X M Y R F D O K U M B G X J E N O K U K P
U L O O B C S J Q P A Z O O J G N M H C H N H Q T J W V D I
Z S O W A R F A T P A T N Z T N U Q A Z N J O E N G B X M H
T U Y V T M Q E L N U R I T E H H I F Z D D P E L I C A N G
A J B Z R C H I A T P G R R N U R L R H J X I L I S Q Y Y X
K Z O L O L H P B R D E E O F S I U O M T V V T T O D W H N
I J O P S R T H T K Y E L S W P B E S B O K U K W A Z J F C
O F B K S E C N P F V G Q F I R K Q T H N N Z A A F J L J N
J I B R T T E O G R O U S E P B L Z D V J C T U Y Q N M M I
T P D D A V W V G W A U J R Z F M E C N I G H T H A W K S G
A A Q H G K U L N J W D I F I C K G F B P A A F G W D C Y Q
S F T V X L J O C T O E T G I G L A D E G T J M H Q D C Q J
A U R S T N O E R O D R I B E U L B I Y Q M M W T L J X I H
N T E U B J T N J S R O F K T C T S T N A S A E H P W L J P
D D R I B G N I K C O M K T O M W A M Q H I A B M W R J P H
P E H O P N K T N T I G O N E N J N H J U K N A S D F A Q Y
I Q X T F J D L J E G D I R T R A P O N C Z A S E Z D U C K
P Q S K D M Q Z P P F U X C A W G J D A S W K E F O K O X T
E C C P L Y W B Z C D K B N S N R E V T J B L B T J O T Y M
R W P M D C N P Y U D W W F Q F T W R K E Q M I U T P T Y M
Y N M A B Y K K U P L A J C N J N L H F N E A G L E X O S H
O R Z L P Z B J B C U C K O O C A M U U G H I N B C S O G R
Y O P L Y F I Y Z C P H C N I F D L O G O Y P V X S T O I P
S I Y A R E I K W E T S J I F V C Z L W W L I Q D S J K Q F
A W A R F S M L V D M K G I G H W K Q K O B R Z J Z O H Y D
B B I D K U T X J M P S S Z Q Z O F V S H V L E S Z L P I B
E U L I Q C C F C U O N P E J B A J P N M Q H W V T Q F J J
S F O X X T X Z F N S O Z T R N C R A N E K V O Q O B O H W
V S O K I N G F I S H E R D X W E G O U Z E E Y X P L B I Z
K T N G E C I B L M S G X Z S Y X J Q W E C X G E O P P B W
Q Q C E Y N F G W G G I Q P K F O Q S Z X S P M F P Y K U N
B P E Q D M J M D P R P I H U R P C A I B X G B I H M Y D U
```

THE SEATTLE LIBRARY

These shelves are packed with thousands of wonderful
books! But once you find once you book you like, can
you find your way out?

Unscramble the words below, then match up the
letters to the right to solve the riddle!

EASTT ___ ___ (___) ___ ___

LETL (___) ___ ___ ___

SHARC ___ ___ (___) ___ ___

CILK (___) ___ ___ ___

EIKH ___ ___ (___) ___

KIBE ___ (___) ___ ___

NEID ___ ___ (___) ___

WROG (___) ___ ___ ___

WHY DID THE SEATTLE POLICE ARREST THE CELERY?

It was

___ ___ ___ ___ ___ ___ ___ ___ ___

RUNNING SEATTLE

Across

1 Powers your home

3 Check out your books here

4 Keep nature clean and vibrant

7 Cleans water so it's free from contaminants

8 Reuse something again

9 First responders look after this

10 For public education

11 Clean it before you drink it

Down

2 Buses, trains, and airports

5 What you do in an election

6 You can't see a website without this

BUY LOCAL!

☐ EASY STREET

☐ ARCHIE MCPHEE

☐ PINK GORILLA

☐ KINOKUNIYA

☐ ELLIOTT BAY

☐ METSKER MAPS

☐ UGLY BABY

☐ YE OLDE CURIOSITY

☐ GLASSWING SHOP

☐ KOBO

☐ PACIFIC PLACE

☐ BRAVERN

☐ SHOW PONY

☐ THIRD PLACE BOOKS

☐ QUEEN ANNE

☐ PHINNEY

☐ MAGNOLIA'S

☐ ISLAND BOOKS

☐ SECRET GARDEN

☐ PAPER BOAT BOOKS

```
O X V N Q V L Z F E S C S M Z P D H C O H B U D S U G M Q T
Q B K V Y S D X T U K J T E K Y X H V Q I U L O S L R E N I
M W W K I A G I T H E N T H B B Y O T A S U G L Y B A B Y S
N H N A C I T G J D K E M N Y S S K C R A Q B L N W N J X K
R M Z U H L H C F D D H Y X J C I S H O W P O N Y Q F C D U
R J X W G O R U N E D R A G T E R C E S M P U W F I A Z V G
T W V L W N C V Z X K W N M V X J H G Z F I S X Y W A T Z Q
L K Q D O G Y Y O B R Y Y E P B P E N N A N E E U Q K S O L
A M E D E A T X Y Q C I K T G E A L L I R O G K N I P U I C
S U J W X M Z D C B Q R Z S F S P E D J N D P X H P N I G C
T O V V D O U H S W I B S K G T E E R T S Y S A E E F A L C
G D V S L L A V J L Z C E K Y R Z Z D J W N R A P L D F G
I C R M Z Q M P N B Y L M R T U B Q D R B J B A M M K V D E
T R U L V V B U Y S M V O M A T O D P Q I V U X N J R E X S
W D J U L U E N C R I F M A I M A X V Z Y F U G E T A L C P
X M V X N V Y R J Z A Y G P K W T K R Q V J J W K A Y F S Y
K P C G K M N B B J C I Z S Q R B Q P C G U X S F B I R U V
R G C X Q T U K I A Q A M C W H O G V J J N F K Z Z N K E L
F Z X D O W U P L O P Q F L S Y O D E W H D F N R I U X Y I
F R V J F N M N F C V C J N H K K Z Y U N Q E R A X K T T T
N F O X O C Y V K X E B F O F Z S S X C S S O E L Q O Y O U
I R I T H I R D P L A C E B O O K S K I Y J E V G A N J O X
T N U K L O G L L B D Z N P A V B Y A F D T A Q V I X Q U
U D K Y D C A P Q U N M U Y P L I T N M N F Z R A L K X A N
Q E C A R C H I E M C P H E E C C B D P N P I B W X Q N X G
C C A M K R G B E E P N T H X J D U Y K K S S Y P D P P X N
U A K V A O Y B P F Z M U O D H X E I I H E X O A F P I B Q
T L O S S D J R T W O Q H V Y E O E S S Z I H Y D H Y E W K
V P Y A L G P T Y A B T T O I L L E V L M S A V X W R Z Q H
Z C P M O W J R M R H O H E D X T S R A G Z J U F K U H E A
T I W U V T Y L S J G Z G E Z Y O Y E N N I H P L L E D O H
H F Q E P D H D A C Z M C F N U H F I D Z V Q A R W M O A B
J I W F S B M Y B J Z U X H F E O W D B M M W H S I M I P Z
C C M X I Q L X E G R Z F E T N S V K O S S F X H D B Y A Y
J A B L D S X A O I U F P N S S B V F O U R G F N J Y Y T R
G P L H C W S L O T G P Z T A P O I M K Q X X O F S X C E J
K A D W E I Y S H Q D D D L I G N B N S D U K W N W K T F U
P A M R K C I K Z T W P G L R D Z F O L O C X S Q S D E G B
V H E U C T F C M L K M K Q E N M S A K C D K X B R K U I L
N H A U Y P P Z Z P K Z O R Y M L D K D W J X X S U O J M K
```

SEATTLE PARKS

- ☐ VOLUNTEER
- ☐ KERRY
- ☐ DENNY
- ☐ LAKE UNION
- ☐ WESTLAKE
- ☐ CAL ANDERSON
- ☐ GAS WORKS

- ☐ MYRTLE EDWARDS
- ☐ STEINBRUECK
- ☐ CENTENNIAL
- ☐ DISCOVERY
- ☐ WATERFRONT
- ☐ OCCIDENTAL
- ☐ WARREN G. MAGNUSON

```
K V D U A G T R R N W G E G W R S P H G M A P Y P P P U J O
F M D F Q F B E U S A S T Q S Y A J B C S P F V X I L P X G
O R P P G F I U U Q Z G F Z M Y N C S I C C O T G M F E M S
B H V O D H W M F A A U D S G G V H J B U X W C W U W F Y V
P Y S O U U Z A I K E J U X O A S U I G D M T N B D P W B F
D H O Q L Z S V P T K Z N R V G M F C E Q E V F N H Y Z Q P
H N J F X H L L F W E Q D Z N K F E B B J U F A L R K A E W G
C A T I O V X G G A R U P Y W G S B Y C G U P R M I U Z X K
X B X S L Q X Y W O C F O O U C U A R C B L E U Z P K K D S
E V Z Q N V K M A J K I R X Z J B C E L O K R V X A L R R H
H E B E E L E I I S K H U O W T M C V L V H N J G Z Y Y H
G Q V J I Y N T R F N F E G N E D B O P V T L F D H Z B J E
S W Z H N Z W A U O C F S L V T F X C P R T M L X D K X F W
D V L H T N J F O M B K C R X U S T S W F L I P X G F T Z N
I M D U W D X F K I G L H F N S F F I P J P X P P E I G S J
A C I H V V U B R E E M H N Y L O C D I G L H Z P G M D X K
W P E Y E H L I P J F T G Q H T V G U J Y M J G X K H J J I
S B P J N J T V P N Q B B C O P B O E E W V N Y A B W A U H
N W B B B I D J D P T X G B P T X F G E K F T B Z B X E M I
O S L H M S Z I D Y H V T Y E E O P S J F C Z W C C J F T S
A H F M W T R W I G C K P V C B F T X X Q A Y O Q T J O K H
P Y O W F E I Q P I Y G Y O S Z L Q E A V C V M T F B D C P
J I K C U I P C E N T E N N I A L U B V W N B O D W C K U J
L O Y Q F N T A W B L A V U K M Q B U E K Y U D B D V B C X
S W L Q S B O H V M R X M E B G A S U Y W Z A F Q D H C Q X
D A H A C R H C T X Y D S U V X X A K H A T T U Z D X R R
N R I L K U M Z C X R T R X O T M A B L X Z P C U N D W J A
H R W X G E Q C S R E E T N U L O V F Q U F M S Z T O H I Z
I E Y I Y C U L C V G J L A Q W I D Y N N E D N M B V U J S
J N I C A K E N W K H I E W N N U W C K J N F B E C R V L H
V G W A V B I D I N Y M E V L Z I F T A K J K M X C B I P V
H M W L O D B T G O A G D T A V L R N W O L R W J W E L X F
V A T A E G Q X N P N Y W Y T E O F F Q U O T X L A O V S O
M G X N K A H S A B C V A W N D V Z O E V G M H H M J T S T
H N P D J S N W Z S W K R K E C U J M L H P A L W A H P G G
D U E E T W B S Z I Y D D C D H B S M R Q V V T E S C S P T
S S A R F O X D O J A T S N I O H S G M B Q P L Y X J L L Q
T O Q S T R U U B M J D D F C R S U D D R O D B K P N T B O
V N A O H K H I B P L O A V C H M B W F T N G G U W P W Y H
A V V N O S U Z Q M L G P I O I Q E Q B T U U M E K F K K G
```

NEW ARCHITECTURE IN SEATTLE

Seattle's budding architects are designing its newest building! Can you match the side and top of each structure?

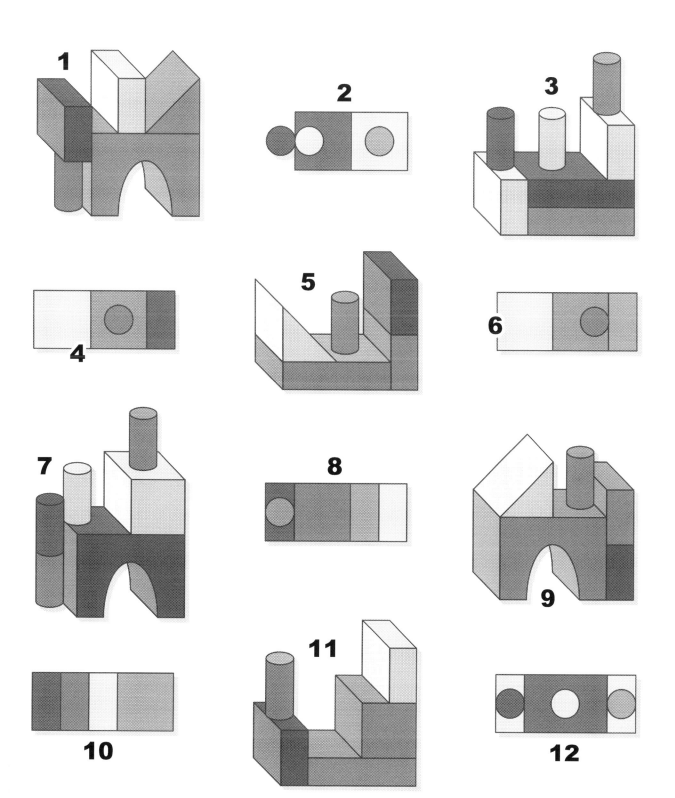

TREES OF WASHINGTON

- ☐ WESTERN HEMLOCK
- ☐ PONDEROSA PINE
- ☐ LODGEPOLE PINE
- ☐ WHITE PINE
- ☐ WHITEBARK PINE
- ☐ DOUGLAS FIR
- ☐ MOUNTAIN HEMLOCK
- ☐ YELLOW CEDAR
- ☐ RED CEDAR
- ☐ ENGELMANN SPRUCE
- ☐ SITKA SPRUCE
- ☐ WESTERN LARCH
- ☐ ALPINE LARCH
- ☐ SILVER FIR

- ☐ GRAND FIR
- ☐ SUBALPINE FIR
- ☐ NOBLE FIR
- ☐ WESTERN JUNIPER
- ☐ PACIFIC YEW
- ☐ PAPER BIRCH
- ☐ BLACK COTTONWOOD
- ☐ RED ALDER
- ☐ QUAKING ASPEN
- ☐ BIGLEAF MAPLE
- ☐ MADRONA
- ☐ PACIFIC DOGWOOD
- ☐ VINE MAPLE

```
G G S R X W A W T U N Q G W X Z Z Y D E G Q W J Q C S C A U
J W S N F V W B N Q E X K O L Z H T O X T V A V L K U U U A
W E Q S X C D U A I U N L X D V E C Q B I X L A F R N P D B
E E I D H G Y M O U N T A I N H E M L O C K O H I A H K I J
S W H I T E P I N E U B Q S H U B Y O Z O F L X Z Q K M X M
T M W C U W I F O F S O S M L J P A P E R B I R C H E X L S
E R I F R E V L I S F M O U Y A Z W S C K C C M X Q R Y X B
R P R P X J S Y W S D Y E K S K E W P X W E Y C I F I C A P
N R Y Z K O Z N O L S K S D X N H K T T B X B Z R B F N S A
H T K S R G P H I H X K P I P F P R H H R I F E L B O N W A
E V B Y M B L V F W I R Y H W E S T E R N J U N I P E R K N
M C B S K R X O V J P T J U H H M Q K X R P Y L S I Q Z O E
L O U J D M L V A R R K D O O W G O D C I F I C A P D N M H
O V O R A P J T A Y F R Y L W K B Q F P G H L J K P W Z D J
C E Z J P W H I T E B A R K P I N E V T G C J Z R P X R K M
K L X A D S V K M P B X Y C Z Y E T I T M R N P E D N I T U
Z R I N P N N I A N G U Z G I S E E D C O A X K K U T F R P
V W E U Z D M N E C K J Z R A D E C W O L L E Y C E U D P I
H S T D T S W D A N U Q F S N U Y X J M O N X C A I T N C U
Q N C I A F R Y J M W W Y V V M D Y L K O R M K U E N A H K
U H C R A L E N I P L A I T H Y H Q G Q H E X G K M I R L P
A Q C S Q M D R D C X E P P B X K K N N Q T Y B Y D T G X E
K K H K O F K E L M F L G C T J K D J G U S E F J R L N F B
I S G Y I N B P R P S R N N C Z N S L E D E C F W K T X T Y
N T L O D G E P O L E P I N E N B B H O S W U W Z B E Z Z O
G M G K O R H Y B O E M I J L I A S O P E W R Y D N S J R T
A A P F Q I E P K G R C A C O G O W E Y S J P U I B Z I Q H
S R R X T F T V F J U T R D F S N L V J Z I S P Q V P F S W
P I P T I E X B E Q R L U P R O F A A V F K A U G N R B Z M
E J W U S N U J P G M F Z Z T O G X U H T S K V N T U J R X
N U X Y E I Z J H B B V K T G Z N J Q P O U T C J C D Q V I
N D U K F P W I L F J P O W Y Y N A E R Y R I E R V Z U O I
V J R Z H L B E M S K C R A D E C D E R S A S S A A B S K V
H K T N E A G K V R K F M E E S M D O U G L A S F I R X Y T
C L J H V B D P O C W H X W C G N L K G V K N C Y Q V M Y L
M J O R Z U N M A H K X Z S M O O D Q Y K A F L P B S M U E
N H T P A S E L K P W Y E L P A M F A E L G I B Q B T L N M
R A D G V N B E I H U F G J V R L A Z T G I X K P D G I B S
K O L R Q R C N X S Q T N L E A L T F B F V A Z D H W D X Y
D B S L T T B I D S J D E V F N K U O Y V I N E M A P L E Z
```

CELEBRATE!

- ☐ SEATTLE BOAT SHOW
- ☐ MUSIC FESTIVAL
- ☐ WINTERGRASS
- ☐ TULIP FESTIVAL
- ☐ STREET FOOD FEST
- ☐ FILM FESTIVAL
- ☐ WATERSHED FEST

- ☐ NORDIC SOL
- ☐ CHILDREN'S FEST
- ☐ WOODEN BOAT FEST
- ☐ DIA DE MUERTOS
- ☐ ENCHANT
- ☐ GARDEN D'LIGHTS
- ☐ FREMONT FAIR

```
W N L S V W G H U E Y L V J N M S K V S F V X Y X J K Z R E
A T D O T S Y S O O K V H M P W V S L U I O O N R W P T G V
R D V G N F J P O F U E O U B A I R G U S Y D W W O W U D C
U G I U A Y Q L Y H Z P O M G I K N D F J K H B F J C L X O
U O P W H G B Z Z E O Q E I B V J R D T G G I F V I R I D B
K S E L C N W B E M P X Z T A J E W F M M C G D S F J P B N
Z S Y W N S X G X P F F A D Z S Q E P T T V B E O U M F K N
L N B H E S S D F F A E J C M Q W K A N M N G W T S N E L F
G H V S B N F S L E O K L A R T E Z J C F Z L H R A Z S X T
Z D U Q U O I S T S E F D O O F T E E R T S B C E I C T B Q
Q U P Y A S F B K T V U Y W I W N D K Z Q V P J U M J I S P
S E N H M W Q Z R R W K A T W N O Q N U C I F N M E J V A B
L L A B I N V W T F A D T R R E R H R D X S F B E Y K A Q P
O P A Y Q W W E H T T T L Q G H D A S I H X E Y D B S L S S
I Q E R K T P K J R E V F L D S I W W T A M S H A B N W P O
Y M T V A T C R V C R Q Z U J C C U R Z A F X J I M E N O W
O I S Z X U U B N K S Z G N K P S H C J R O T E D I C C Z Q
W F E Z H F I N M B H Y U F C I O O Z E M F B N S J A W O D
K S F P A Q R B A X E A D S C P L D P F F U L E O M A S N J
Y S T C A Y P S E V D W B X A T V F G K B A F F L M S R L L
Z J A P Z O N W Q U F R S O Z K T X U F V V K T R T E J G S
G X O S E X A K G R E T B Q G U O H P I Q E P C H K T R M J
H E B K L I F M O Y S L Z X X P C Y T Y Z S P G H W Y A F U
K O N N L H R N Q S T F G B Z U N S H E C N I G H I L Y E M
X J E Z V W J S E J X V D R Z Y E S W V K L N R W K W A K S
G C D T O I Q C H H A H H E D F U D W X D T F T C S Y H O M
K L O N Y N N V E G X U F C M X U X N N S Q Z R V R L F I U
N Q O H U T T U O V Y I Q L Q L S U E E Q M R G P M U F J S
P P W D F E V M T T I Z I Y E R L D F I S X Z A J Q P Q H I
U C L B W R Q Q P Y F F G P S G R S D B Z D E E V N B E H C
U U R Q E G D A E O M S K I Y A N A R T I C Q S Q Y S D H F
L B G W C R A P W K Z R A X G E Y Y N S C L D Y Q Z D S A E
L S G N O A O A S G L P Z D R U H H L B N W M H I R H M Z S
H L Y X U S Z W R H C A R D Y Q B E S R P D Z Z X W I F G T
Y Q F L K S U Q J G T Q L N D T N J C W E K H U Z Y L Z W I
M L B D U H Z M F T G I X R U B T Z W B B G M K E R L T F V
K S V A E Q N U O Z H I F N U A T W R X G U E J G W L A X A
W U R E Z G N V J C N W H J N Z G H C H I T S Z C W U C E L
W W H C S S K Z P O I S Z Y U K K L I Z C N L F C J D A Y B
H L T E P H A D L J L G M W M G S I R X T T Q B M Z L V R X
```

UPTOWN, DOWNTOWN

Can you make it through only use ladders and stairs?

No climbing on the walls!

PIKE PLACE MARKET

- ☐ ELLIOTT BAY
- ☐ CRAFTSPEOPLE
- ☐ MERCHANTS
- ☐ COLLECTIBLES
- ☐ COMICS
- ☐ ANTIQUES
- ☐ SHOPPING
- ☐ PRODUCE

- ☐ RESTAURANTS
- ☐ CRAFTS
- ☐ COBBLESTONE
- ☐ ART
- ☐ STARBUCKS
- ☐ FLOWERS
- ☐ GUM WALL
- ☐ SEAFOOD

```
Y F W S P S M W J W O U S H Q R X J X R U Y G K C X O J X O
M Q S J N O O W Z Q D K T T R N B Y C I L A V O B N M M I A
N I T K D S W Y Z J P E T F A O J P B A K G N G L M X I G P
J W D Q C M N N K O N I S O W X S T N A R U A T S E R N J N
T A F M I U C N S V I G C X C X J G L M K W T Q L X U M F H L
U Q C Y C X B V U N P P H E P B B D O I C O I B C P M T K Q
L C E I M G R R E I M R V H I L B X I D Y R Z I S K C R Y P
C L O F C Z N W A S Q M I P R K G M L O H D A N I J O E E V
X P D C J Z F W Z T G M S V F B C T J O F E C F C V E I L S
T S O A Z C Z V F T S Y B Z H Z V A K F B B Y D T W T Q N O
Z G R G P V C L D P R Z P A F C U Q A T F T J I S U X M A
L H B D T E O D H J N X M D L M N C Y E F E O N U S U N F J
B I O S M W L K L I I S D X O Q E X Z S A E L U A M R C T U
Z M K Z E O L M Z Q T S A R D G U M W A L L O F E Z C H N B
U E U R R T E I P M J Q D A M D V V V N K K J R V W K Y X Z
H R S J S U C M X X A J A W D B D Y R X W C L J J E O H Z V
C C T F V Q T O C G W H F K K N K I X F B E O W K V E N M E
F H E C F B I K O G M R F X T Q X R P Z N B I M Z E U D D R
P A N W C A B A M T P O I Y F H I Y V F S H J I C H M H S O
A N C F S V L I I P T Q P W E N O T S E L B B O C G N H S S
W T D O M C E L C Z K I C T N M N S G S I B W L B W R R J E
E S A V L L S L S A J G T U W L F X M D G Y C W Q S N M G X
C H A J U V D R P Q E O L W E T M S C U Z F R Z N X W Q C G
O P B X A P A X T O H E J W G Q L O U A D D L C L E Z J O S
O G Z P M E U L Q R E S M V N M T L Z V W N R Z P S U N I C
W L T H S F I Z F E P P R L Y Z C Z R M E I T B A V S E G X
M G V T D M N X D V M A S X C S I H I S X X R Z S X C V E B
Q L F X Z R W A Y A N N W T F G Y P B U V K C W T T I Q U G
A U L K Z M Z Z D U Q V E Y F B S O S N B D V L D O Z P Y I
P N Z W K V F E K R U X M R W A B P N A G E E G P E K M V N
W E Y A B T T O I L L E W O K J R T F Z N A E G L Y P A U X
K E J G K D Z Z X F X Q F O H C T F O T X Y B B W I P K
T M R Y A Y K H X J R X M F D H Z D D K R S I R N V X Q X B
M V G N I P P O H S D B A U D O X P A Q J I I Q R M B O G P
X T J O E A W E D E V I C L D O M T X N C W F W U Y P E Q J
T D D N L I F M T Q L E M K T G B Z V Z W E O M T E C H R F
S R M N M O O K J M R H J G K L I S M U Z E M Q V Q S Q O Y
Q U L K A T A J G R C J Z G R D Z V M I U I A Q C C G J E E
P Z B O T V J S Y R Y D U J D R U M H G R D U S X G B A M S
J Y Z G V A L M P G K I E K X R Z K S F N N B L T N J P D H
```

MUSEUM OF POP CULTURE

- ☐ MUSIC
- ☐ NONPROFIT
- ☐ BANDS
- ☐ CRITICS
- ☐ MOVIES
- ☐ ARTIFACTS
- ☐ VIDEO GAMES
- ☐ PROPS

- ☐ COLOR
- ☐ SCI-FI
- ☐ HORROR
- ☐ FANTASY
- ☐ FASHION
- ☐ DISPLAYS
- ☐ GUITAR
- ☐ HISTORY

```
T M S V K S B E T S J P O H K O F J P Y E B J V H R M B V V
X Q O G X E Y Q D F A S H I O N J U L C Z A S M A C Q T E P
Z H S F M T F T G Q X R P C Y S C T V I C R I T I C S A I W
P Y M Y J M E O V V W V R S D J S X I D N Y I T O J D E T C
V V B T Q Z S N G D T O I B N W E H D A F U U D H L R O Q R
P W M A O Z U B C P O W L Y L D M W E O G M S M E E I U E R
J A G K F B E C V P U L X Z F V D A O H R J M G K U P N O Y
S S P O P K R H I N L N R I T J D O G M P Y O Y F S O Z P S
A N P O O W C C H O J W Y X F Q W O A N N Q P J X G I M S J
T M J Z U U L T Y N X W J I M X I U M S F Z Q X I K U W B V
V U E J E C H K V P Z N T T W O E H E G D N T Q U S F D A L
D F W X O T L S P R A U P W P Q R G S B M N W H I I G A N Y
J O I I I R D P D O U Z J P O W P H V V V M A C C F V Z J G
T A V A I I W O R F X C P L Z S L C V M W Z R B H N I J A S
Y Y N S O Q E R B I A O N W Y X K M H X K T R P A C B S H
H M B D J L Y P Y T A E V P P O Q V D I G T I S R X R V S R
I T G S G J Y K B O P F X A S O B T X S H T F J K J C J D L
M Q T Q U U H H D R G F D D Y S F Q T H V A V O Y J R K Z
Q Y D I Z L G I M W G T P M H H V M Z O R R C E W W Y A C C
K J R N R M D S W F V C W S T W W H R I S T L A Z C W S R
A E Q T C B T P G K G P Y F A N T A S Y C G S I K M U Z N W
X E I M B Y G W P A Y I S O R T M O I Y I N A M Q L R F G E
J C N B H G D L V K Q V R X L M P Q D N H A W F Y X A I N V
D O U J B G H P C E K G L S K L F Z X P P F D H S G O X U C
S L M P D Z T N J F Y X R Y W G V W J V X F N X P R D V A O
H E S Z O O T R N M D W E A P Y D G J D U Y O H U K F V B L
R Y I Q P M Z O G K L E Y L Q L P N Y M S E P V M Z M D A H
S V X V U Q P Z A D H T K G G E V G V R S Z P B G E L Y Q F
D C M P O D B R M B Q O J O V O B L Q Y N J S R G U J Q U I
L K Z U T M R K Z H W F I W O F S V A S Z L D A W N L J Q C
T B V X C X W F G H A V L F T W G L P Q F D R M M Q Y V Q M
P M W T X Q T J P G D K B N S U P X V N G G R F G M D Q M Z
J C B H O M T N P J I Z J N V S I V Z G N L O I Q F V A C R
B B M Y X V Q M D B K U Q S I C P G C U K Y L Z E Q J F T R
B N V V G O Z S Y D O B K D D M N L B N V Y O C J F P V E U
G T X J C S I V Y M P Q Y O Z J H I Q P A M C L Y J W E U C
F W H U L R O R R O H X V I W G S E X L Q L E F D C B R U S
L Q B S X R E R J E B H J J U R F F I D L O A K Z G T Z A W
M I U Q G T X O F D T J G B E A K A I E U I H U Q G O V L K
C E R B M X G E T T T W O O F F C Q G M L U Y M M E A V C J
```

THERE BE PIRATES IN SEATTLE!

Not really, but imagine there was buried treasure in the
heart of Seattle. Can you get to it before the pirates?
We're counting on you!

WOODLAND PARK ZOO

- ☐ WILDLIFE
- ☐ CONSERVATION
- ☐ WARTY PIG
- ☐ SLOTH BEAR
- ☐ AFRICAN LION
- ☐ ORANGUTANS
- ☐ EMU

- ☐ PORCUPINE
- ☐ SNOW LEOPARD
- ☐ ENDANGERED
- ☐ SANCTUARY
- ☐ MEERKAT
- ☐ BUG HOUSE
- ☐ GREEN ENERGY

```
Z G S C Q J F U Q P K Y C M G U Z B D X O T K F W O L E S M
P B V W L P S N F V N Z F N E F O I T K J K X X Y H M E Y H
O U B D W F S V E H I W H V G Y A X I E P K V M V U B T P T
Y D J A A J Q U J L U A I W C U F X P X A Q B L J E C J Y Z
R X W E M J M B I G R E E N E N E R G Y Y E L I G V K N I
D Y V G S E Q W T C Y T H X F U L Q M B Y O U L T J H U Y E
E M H Q K Z K S B B J C S Y Y S I E W Z J T D Q D X A F W I
U Q A Y J L L G C W M U D U A U O M X M J M E C J P P C Z E
B Q R H X Y Z T I C S U X G G E C E K N G I M G S E Q A R
D K S B C Q R D L Q P U D Y R A U T C N A S T N F W V L C F
K J P X Q T H A E M P U W P X H V T G O P G Q N L P T L L O
D Y L P N I I W N O S A P I P G G Z C G S S H Z F G S W Q Y
Y L O K B O C B H P E W D C T D H K U D N J L A B L W Q M L
P I S G X O N E U F U G V I C K X J F D R F O D A P M L B R
F U T D P N N B I V K V R Z E N D A N G E R E D L S I R T P
E W G K E A D L E L M L N Z S A G J L M S M G K O D W B O P
Q N T S H U D I W A R T Y P I G E B D R T Q K Q X T S E A Y
J O Z S M L D S I Z R F V X J H D U Y M F M F C Y A H T F Y
X A Q Z I H H Z K Q R O J J I I Q Z T Q X M P S I M G Q C N
S K U W S M D F C S P R S H L S L G L B V G H U K L P P I C
G O N F D U C R V Z F G G N X G O L A C A Z U B E S R R R E
E K J T M K K A K L F E H X I H H S M G M T C Z U O A A X
N C L N X J E N I P U C R O P V S S K E V L O H N O O I P W
O D X O L R D K A I O H X Q L F H B A E U V K L I D Y E O N
I X T Y G J N B K V B E X K N M U D E R O Z A Z H A N Q A O
L W T I O W B K D V J R L K G F X R L K T W V F H R Y A U I
N G N L C C B A J B H Q G W G O A Z I A C W Z H S E O Q D T
A N J D P Q C F M N J L S P O R A N O T R F E Y J Y H W Q A
C A B F G G T V N D V A S G Z N F M K A G I K F H E O T J V
I W A S E M X C W B U Q F M R N S J E B U G H O U S E F Y R
R B U A L P L U Y M R D M X N A J B R B B C B X L R A I M E
F A A T Q E Q U B N H Y Z C S H H A Y G Q O F M T H W N V S
A W W X S M M M T G D G C F W T O W P K Q X H N L P D K Z N
A H L L P T R K S O H K J S O R S F W A W V J A A M C N T O
F K B M Q O I E T X A D O L C H N Y U U B Q M D D U J W L C
P I T E X D T F L W G R S A U C Q O F C W Z G Z I T Y E I R
S Q H K L J K J Y A F C B N F E O O N R U K M W E Z S B H Y
W D W Y C S S G N K F D I W B U M C R B B V N Y N C H U Q A
N S Y K P V P I T W J R B Q K T Q A O O R A N G U T A N S H
N Y Q C P T D W H V T I Z S E K R R M B D F Q A F I Y E G D
```

FERRIES!

- ☐ GREEN
- ☐ TERMINAL
- ☐ SCHEDULE
- ☐ DOCK
- ☐ PASSENGER
- ☐ BAINBRIDGE
- ☐ PUGET SOUND

- ☐ SAN JUAN ISLANDS
- ☐ CAR
- ☐ MOSQUITO FLEET
- ☐ SALISH SEA
- ☐ TRANSPORTATION
- ☐ BOAT

```
A A N P X W Y D J K S Z Z X Q F E D D C T C H W H Q D X D K
Q X G J Y G J W T G S F Y C O U R L T V I B L E P E C D Z Y
I W A H X A Y K X M S G B D R S R I D U W Q D V R M M U W V
H M W Q F U P L F T A U C Y W O C L I C Q P P L O W B V V J
B M Y O E L A X W X O D R H F I D L C N V U U S K H Q S P W
D N H T U A Y R U U Y C O W Y T F E W Z Z H Q M E P P P D T
R B L G N O I T A T R O P S N A R T Z B U U H M F B L P E X
Y M G F K A Q M S E E H X S S K P F A R L I Z A Y B C Q B N S
A N H D O C K D S G Y E Z R P G A Z P T X P P J L F P V I Z
V X F L V M M H E F E J W G D E K W O M J R B D H F F P K O
Z X W V Q E O P M T L Q E Q W W G F Z Y S X N Q Y K X M E Z
G S L V A I X S Y X U D G H H Q L T M A D J R H E O Z J X X
Y U V H B E S T J D D R J O J E O M B H E I N M U T A Z J J
Q M V M A F Z R F B E N N V E W Y R Q R E E Y Y H N C E S K
E Q M R Y S O J Y E H J T T U Y S S D W F V U Q A Q D A C A
O E M B T E O X N D C H J I N J E X S J N R L N E L K R P
B O T N O V Y W E E S K H L Q B W F T R E X N G I I C L Q W
G R D D H A O O A K W A W E I B F Q O H O T A O S N R O X R
J J E Q G X V B C K X R G B A A L S D S Y B L H Q O H R E S
N F F S R O F I P Z I O M L K I Q E H U R O S R D M W L P V
G S A N J U A N I S L A N D S N J M X G V E R I S H A D Y F
L H E Q G R V H O D K K Z E D B X J T Q A D P I M U D K F S
Q B O O B U Z R H T R H N I I R F Z W S P A A Q J E K G H L
F K Y W C D T A D Z S D P Y E I I Q R P U H N N O F I C Y Z
J H E O O X P W W N P Q B G Q D V V V Y P A M F I Y W G H Q
V T W B P O R U N W A S N T V G M T G H D M H Z X N E P U I
K P I C T U I A F S I E U W H E K J E D C N X V U K C L Y F
S K N F S E I F J I S V F U W W N B O A T K S O K N Y I W M
L X O B U N T I Y S S I E L V E B G D E P O T A P W C W G X
D D O Q O D I M A T J B Z G Y D Y C N L V U I C E N F H D G
V G W K H X J P F S D E W Y A X E S U B Q E O N A M R X G D
L G B F Q X H F U Z M J J S G V C E O E S F W M A L E L J P
F L U E G B L A N I M R E T X T H M S N B O C R Q Y C K X W
I L A P P N I V S U B W X P D E W K T Z W I Z V L O Q W N F
F E L R Z Z J A P L P R X T W G S A E D A J W J S Z A E U T
J T C R J X B H L E A R P X N B E R G P R O P X Q N N L S N
Y G F P B N H K M V R E Z K U J I S U H K B O X Z C Z P I O
M X U E S A G B U Y H T I N P K H D P N B W I D T S U O C B
Y P O V G J H L L L C J J L K U M H L Z Z H R K U K K J Z Y R
X K B I J C P T I H J K O I I E Y T F M S Q Q H G Y D F U
```

SEATTLE'S COURAGEOUS FIREFIGHTERS

Across

2 When you hear this, pull over!

4 When you see it driving, help is on the way!

6 Protects the head

8 H_2O

10 First one on the scene

12 Dogs love them, but so do firefighters

Down

1 A snake for water

2 Be careful not to breathe this in

3 Courageous

4 A brave hero

5 Reach high places with this

7 Hurry, this needs immediate help!

9 Keeps the feet safe

11 Firefighters are coming to the _____!

PIONEER SQUARE

- ☐ HISTORIC
- ☐ MURALS
- ☐ COMMUNITY
- ☐ ART
- ☐ BRICK
- ☐ EATERIES
- ☐ BOUTIQUES
- ☐ SCENIC

- ☐ ORIGINAL
- ☐ GALLERIES
- ☐ PARKS
- ☐ TREES
- ☐ STORIES
- ☐ STREET LAMPS
- ☐ PERGOLA

```
M R S F M S C Z B I M B U Y X P A R K S Z J A Q C R W F O N
S L C E A Z X Q I L H W S V C O K Q K U P D A H U S A D X R
E F H V I T H K T G L S F Y L E T R H V R J C V G I V M W T
A J Y U R R Z J Y X L T N N Y N T N H H O R E G K G B T F Q
Y K U T G S O P C W T R R W P B J Y F T K K C Q E M S B G Y
V U E F W A G T P D B U S A M U A O P M G G C E P H X N Q J
X H T B C Y H D S K Y S Y R N A D N I R J J H I Q B Y D X D
I S R E U Z D M K O P B T N C B R Q Q K Q O V V R P N Q E Z
Z Z Q X H B F Y M C C X P O Y D Q C I F P I E T N B G S Z Q
C H U Y M H W G W A M L D L A G P N E N S P O Q S R P T B M
Q A M L Z Q P K W G C B C Z W Y J C S G N Z C M U V Y T A H
W O X F M K S N G Q H B Q T C E M V F R I H E W B I C H D P
G R O W J Y K H T J B D E D K I G V R C X C S K B V K S R N
L F M F T R E E S C E N I C J Q M K B W R E R J K P H I R J
J F D O L V Z X J V U N V F Z T F C O O M X R G K U W W Z F
Q B X W V C S A K J B P O X V A J S K K C H Y X S W X X A H
W V Z L Z R K D Z W B Z B U Z S H R O Y O W G N J M R D Q V
X V E R N M D F C P J W G C B B A E J E M T V U N F F R Z O
Z X T H D L S D W Y E W U W O J C A E H M A M O A X G W X M
U J I T L S H V H D V R N G U W I X N O U M L V X I M L Y Q
O L R N H R N X Z R L C V P T W R C V Q N G A O S W T E J Z
Z L A D Z A V S U P B I Z L I H O O G N I P Q W F E M F I I
N I T Y V C J M Q Q D U K U Q C T T L V T E M Y N Y H E J R
D T E R V S D S Z S Y F K F U U S H O F Y R P F Q B S A S X
O X R X D S A R I N D C N Q E M I Q G E P G O D V Q Q D D H
N W Q Q M L F T P X X W E Q S D H B J R L O P S B C R V K K
X D Z G A D A T K C I V F F W N S L Z P L M L L G S O P C
Q F H X Z X R F C I V N A Z X J X N T B Q A I W L A F T F H
O W B C C O O P J N D R I X P R Z V I R I Q C S P S R Z V V
U V W W H R G R A S N O D Z P W M C A X E J Z C K U K U E H
S Q N P W Z Z X V I V H G B Y P G R W X H E F A X U F M M M
Y K W X B F C G D W I S V O E O A D W I F X T K Y L M W G Z
P V E R C X U G K P E I Z X H N L K V R K K Q L U L C C Q M
F C U X H Z T D L G H T R Y J C L V A N O U C F A W U S R N
A P C S E I R E T A E O Z B B L E W N N N W X R N B M D D V
H V Q O E S O F I D Y E S K Z D R H B D N M I K L Q P S F J
L E X F D P P S I F Q E R U Q K I N A U S G D B L I N S F B
Q Q W Y X D E H K K C N E D W G E D A B I H Z G D R M C Z T
N Q G E L T L E P E J C H D F F S C W R H M G E X Q T F C P
K Q D G C A R Q I A I L I K A B H R O J Z Q Y S N V J J E H
```

SEATTLE CENTER

- ☐ MCCAW HALL
- ☐ CENTER ARMORY
- ☐ MEMORIAL STADIUM
- ☐ WORLD'S FAIR
- ☐ COLISEUM
- ☐ PLAYHOUSE
- ☐ SPACE NEEDLE
- ☐ SEATTLE OPERA
- ☐ BALLET
- ☐ A/NT GALLERY
- ☐ BOOK-IT

- ☐ THE CENTER SCHOOL
- ☐ CHIHULY
- ☐ CLASSICAL KING
- ☐ MOPOP
- ☐ SCIENCE CENTER
- ☐ POTTERY
- ☐ MONORAIL
- ☐ CHILDREN'S MUSEUM
- ☐ SIFF
- ☐ SHAKESPEARE
- ☐ TEEN TIX

```
V U C J U R D Z E Y N F N E T L U B A J D X X R G G W K S L
D U A E E T C P B Q B Q M X T E E N T I X R T L J Q A J E M
A O U S Z Q T R R W Q I W U P U C D T A Y A O I S F L D G C
S O U A S X D W X I K Z S Z J C F N Y B O B Z O P N F H L L
A R V J U O D C U D F G W J V E C A M J A V Q S R L P I M
C G W F K Z Y K P V Z T X G G G W L D W V Y Z E M S Z E A N
P R Q V I D Y L K S D K S T E L L P K K O C F P G P C H R K
T H E C E N T E R S C H O O L E F H U T L K F D R S T B O Q
U B J Y V H Z I M I Y O G K T B T Z Q U B N W I U F Y S N M
P D S J Z N F T G F L M G N M X M S V K A B F S H I B W O S
S P E Q A P K E G F E Y I I I U N S M V F H B Q K X L R M C
Z Z R S E K U C X C L B G K N K I M B P Q M F X C X F U N S
K G A H D E R K H L Y J C A N D L D V M Z W G M B U T V U Y
Q B E X P O N I D M V D U L O C E A A P L N E N I A G U E J
S X P E V K H D H F L X Q U J H U X C T U H V A L C W V R W
G E S M D U R K C R M P Y O U U M V I I S M N P M W S M Y I
R V E D L R K C T P L T H Y J L B X P B S L Z B J S H G L B
A Q K Y C O Z K I I E Z R N G U I L V N Z S A Y K H F D S O
O J A F V U U J D H R L H N J P Q M F H Y T A I Q Q E P M O
L S H G V V E W Y R K P L A Y H O U S E F L W L R M R D I K
Q F S H M V M A A H R D R D M D Y E J E A N B A C O O X W I
M E W P A N J Y N E T H O Q A R P S I V Z A U F K Q M Z R T
B M O V R G V R D L L N Z Z M H W U C J H J U Z Z A L E O L
O T D M G S O E M D I L D H Z F O M S I B Z I P G N T X M L
P O Z H U P R L P U Q M I Y B P R S H E E T R O E S V C R A
O T B Z N A C L M J W T Z N O J L N N D A N H G F C N P K H
A O C Y Z C C A B J T P S S Q G D E S P C T C I M P E H Y W
K B O U P E X G K D W Z X B L Y S R W K T G T E Z I W R G A
H R V T T N J T O U N X G T D K F D Z M B K M L C F L Y Q C
L T I N W E E N T W B Q Q Y Z F A L U U C P Q S E E P O S C
V V B I E E R A M H J V L L G Q I I I X O J C X P O N A J M
F C O O P D T R M U E S I L O C R H J B T Y I B M Y P T T Q
P A V U N L U Z W O E I P L Q H R C S J J N Y G U O V E E E
J X F D T E R Y K O J G R L B O J K E N N H J U T W P L R R
C H C X N E B B S D L O V C N K X E A F S Z A T S T V O K A
G Z P C P O T T E R Y C G O B Y G I X A K R J I L P W M P E
J D G D L Q C E P G U X Z Y R O M R A R E T N E C X G F P
T T R L D V N U Y J U V Z X N G Z Z Y D Y I T H O Q U M Z O
J W R U H X Y C M R J S F Q S N Z O U A O K P E L H O F H
N D A S N G Q V U O W A T A V M G W S S B B W Z V E U V F N
```

DRIVING AROUND SEATTLE

Can you navigate Seattle's streets?

SEATTLE AQUARIUM

- ☐ SEAHORSES
- ☐ SALMON
- ☐ ROCKFISH
- ☐ TANG
- ☐ LIONFISH
- ☐ DOGFISH
- ☐ CUTTLEFISH
- ☐ OCTOPUS
- ☐ SEA ANEMONE
- ☐ CORAL
- ☐ JELLYFISH

- ☐ SEA STAR
- ☐ PUFFIN
- ☐ SEA OTTER
- ☐ SEALS
- ☐ PUGET SOUND
- ☐ CONSERVATION
- ☐ MARINE LIFE
- ☐ SUMMER CAMP
- ☐ TODDLER TIME
- ☐ SALMON JOURNEY

```
E G U L K B C A W L K O U M Y J X H G X I U K D G P R B B K
W C W Z K U T L X Q Q P U F F I N Z X U B P X A H G F N T D
G B E Q F I L N R R T F X X O C F W N X V G J N W S S I N O
L H J Y K J T S X A F O P F X N C A B L X I Q V W T O U S H
E N O M E N A A E S J X E F C S E A L I Z Z R E T T O A E S
T K R U C Q X A L D E T H K W R R U O R L L K X Z S F H F B
G S J L H E R O Z M O L R X C X U I A W N Z Y C T Q P B D V
Y Q I S C O W W P C O M W B N R A K U M E L A E P C Q E Y I
C V I Z O L F V Y J H A W L N Z Z S Z M L K G S Q K W P D L
C X G H N Y C P N I X M I A T C M B I N K U P Y M V K T O L
O K V S S C O S E A H O R S E S Y T J G P K D C F B D T X Y
u H J W E I D O G F I S H R V H R D S R L U A L O S L M H P
E S Z F R U F B C Z D M E Q C E S Y G J V W S F Y D B Q H J
W V D P V Q H Y P D O N C U L Z R I Q Y B U G U J A A M X S
F I C F A C G J L N H Y I D L M Q I F H N S F C R C L I F X
J L W T T G E F J L S E D F C Q T C G N W N E N Q V W Y S D
E C O D I K H O R T E O O X F Q M I Y B O M R A E U I G A I
S F S L O M F S W L T J Q M I E P Y Y Z K I Z M S L A E S P
S E H I N S T N M K Z V F C B D F K O G Y K L A E T J K K J
S W A B A D D Q B V H G W M M E A D D Q B W T N Z O A T J P
K Y G G Z J Y E F R S E R X H T R C Z D N M Y S S I X R Y X
E E G T C Z O Y E K V R W H S I F E L T T U C J P X U J S D
U E H W L E Y T Z D H A S Y T N C Z N P M L C D O Z M M W B
K C S S T J F K V W u M H D E A J C S B E V Z P L Y W C X J
G P U A L T I O Z N S A L M O N X G P F K V F I J X Q V S K
H S I Q G I L D T P I X M U C I O Q M D W C D T O A W K I R
Z W V D E Q E D E D G D A F M K P Q P V J M M H D Q S P W H Q
C T X H I S N F P G W M L A D K D Q C L M N H S C V Q E P G
N S Q T R U I L R N K L Z Y D V T Z G N H T F M R O T M T B
J T O L Y M R C Q C J S M C H E Q G R D J O L Q X K I I D O
S E M I P M A H W A O D I Z T S Y A H C Y O P V Q R X D P Q
B B Q M R E M E Y X C L E P K M I Q H C S A S L T Q Q L I G
Z P U J Y R G M Q O O C T O P U S F M H I I I I B I G A B G
V Q F K P C B M P M R I K H O W Q T K Y N D L T C E C H P W
I E V P X A P H E C K X K H V O A L I C Q X H T H S A M Q E
B R P A B M F M B G D J B O Y N X J S P O G P Q H H S R L W
R Q H J L P U O R T M E Y X G Q C R N F L R M S X X Y J Z Z
C Z U O A U D O W S A L M O N J O U R N E Y F I P A J B D R
R B S I N N N C D P F L C E L A R O C N D B G D Z X N Y X N
A K A V Z M H P Z W C F M K K I X Y Z P M I P S M C P P V N
```

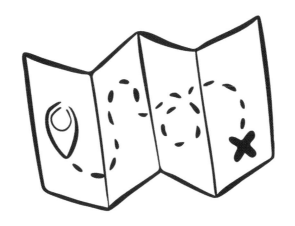

PLACES TO VISIT

- ☐ SPACE NEEDLE
- ☐ PIKE PLACE MARKET
- ☐ CHIHULY
- ☐ MUSEUM OF FLIGHT
- ☐ SCULPTURE PARK
- ☐ WOODLAND PARK ZOO

- ☐ MOHAI
- ☐ BALLARD LOCKS
- ☐ BENAROYA HALL
- ☐ DISCOVERY PARK
- ☐ PIONEER SQUARE
- ☐ SMITH TOWER

```
R T O P K D W C E P X Y J M N N V J H L A J H I X F Y J E U
O B V L W S Y D Q L E T Y V W M T I Q B E W V S D C L P P K
U E T L O Q F M V Z D H J F A I U C N N O Y V H I J U I L B
L G S T G I L E L V I V F X Z S X Q E X H S H K P T H W M R
U G N J E X O E O M O V V E G F W X Q X K K H A F D I O V U
Y H W W I D K L X J G Z U C C B V S Y A X L P I K J H R F C
M K R O Q D A D P Q U Q T K H G U V C Y X V O R J K C T K E
V R H Z T D O E W P S X K G W Y N S A Y T H W J E W L V E F
N A P E T R Z E X F L G H Y X Z N K X Q Q W F J H F N O I G
P P P B U P X N O A W D D J U B U D G K D L Z B X O X H C K
K Y E F D E R E O A B U E D B T I Z Q G U Y H B V U X C X W
W R B O Z J C O X M Z O K A N H L T Z F L D K Z L B N T N Z
I E R S K V N A T J G T C G I W E Z D S R U O A K I S P E W
J V A Z I Z M P A L X B C U G I B V J I U L N Q L Y Y O M Q
E O H Z W R R S M F R O S U X C O Y X Q Z D S T X E W K V L
B C B M U S E U M O F F L I G H T B K T T K H M O E Q W Z F
Q S Y V I X J Z R L T B R M L Q T J E D P F S H Q E B I N Z
Q I S Y S B J V V H M X S R P U Y K Q L N L L C I O O Q H F
U D H X F O O F W O J M M U G N R B B Q A M E O R G I C D C
F X Y Z V O B N M D L K M T X A A B U B H C Z T Y A C A U E
K X J W C Q Y X I J B N D I M R O M K B Z G P Z O O T Y H F
B E G P Q N F S C K R A P E R U T P L U C S T R R I L I E U
M U W K D S G K W S B I C X E A G H A K I V R V W J Z M E E
O A V J E F I Z O I A A V T C X Z X T O J E X S U B Y A R C
B N V E W F N G J M L M I U L M Y R Q V O F N S Z H K F D U
C Z P K H F E B R P L T L W E L N F L E E J P L N F D P U I
Y W Y M N O E V E J A P V O E V A Y E Y R U L H L F I Q D E
S O M S U S J K E D R U R O Q V M H A W H S O B S O F M D K
M G Y P Z O I L M W D E V D A Q K L A U P Z U S N A P T E G
I C N L M O B R D L T I L I V N L K Y M V B E U B J D F T
T J W I P L G X O R O S Q A P C O Q P M O B E X H Q F X H O
H B C X A P B G X I C T H N A I D L X J A R I K F H L E W E
T F O K F H K G N Y K W D D B D O Q U S S D A W D A F W K L
O T I P W Y G V H O S H M P M N X A I Q I V L N Y D C S Q Y
W N D Y D W S N A M U G W A O V A V U N K L T C E R Y D G V
E Z F W O G J I J X R N T R L D I A N W U B N C E B S M C G
R W T Z L I Y Y H E D X U K S A R M L Z C M N M J V U R N E
F L Y F S W C S C M A B R Z H E B S K Z I F O Y C Z J T L Y
V H X F Z S W X R O P G O H D G E D I H O U K L C R E O G
W X E U G Q G L C U V L M O O J R I F B K N F L D Q P E U W
```

SEATTLE BAKES IT UP

Across

7 Hot and ready to bake

8 Keeps your clothes flour-free!

9 Let the dough double in size

10 French pastry shaped like the moon

12 Mini cakes

13 Ground from wheat and other grains

16 A brick of bread

Down

1 Chocolate chip, please

2 Cake with a hole? Brilliant!

3 Makes bread rise

4 Bundt, layered, or sheet

5 Whoa, tastes a little sour!

6 Knead it, raise it, bake it

11 Shape, boil, bake

14 Kaiser, dinner, wheat

15 Needed for savor

THE HALLS OF, WELL, CITY HALL

At city hall, government officials and employees work to make Seattle a great place to live. The offices sure look a bit perplexing. Can you make it through using just the doors that are already opened?

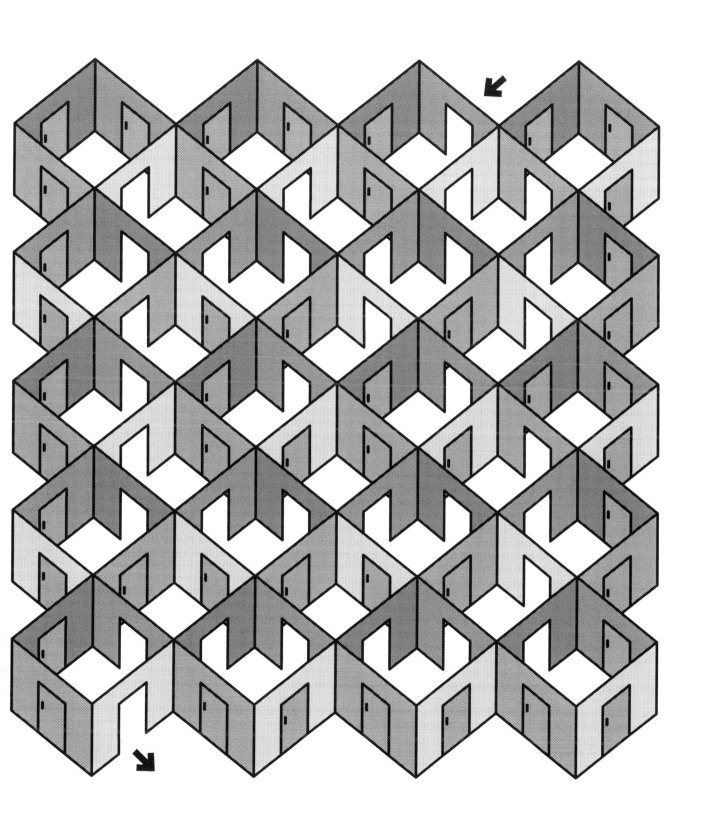

SCHOOL DAYS

☐ SEATTLE PACIFIC U
☐ SEATTLE U
☐ SOUTH SEATTLE
☐ ANTIOCH U
☐ BALLARD
☐ CENTER
☐ CLEVELAND
☐ FRANKLIN
☐ GARFIELD
☐ HALE
☐ INGRAHAM

☐ INTERAGENCY
☐ LINCOLN
☐ MIDDLE COLLEGE
☐ NOVA
☐ RAINIER BEACH
☐ ROOSEVELT
☐ SEALTH
☐ SEATTLE WORLD
☐ SKILLS CENTER
☐ ALAN T. SUGIYAMA
☐ WEST SEATTLE

```
J X O U Y P G Z X Z R P N D O Y D L J M T X O K L Z U A Q D
N W W E K S K W E u C M V V C V Y H T R M Y u I X S C E C u
A F Y P U C G R G F E Q A W V G J N Y M A D L E I F R A G C
D D E M R U L X H A T G P U T K Z C T U Q M N T J H F W N U
Y L Z N U V X W G Z H F W u D R F E F F H T T T G Z F A T Y
M R V M R I O H H K G G S E A T T L E P A C I F I C U V C J
P O I X U P F F J V A V O A R E Q K Z H Q Y O P Y Y Q O G J
K W H G O L W S Y M I D D L E C O L L E G E F I V V M N I S
W E Z V I W Y L A Q V O M L G M O O Q J U E L T T A E S G Q
O L N V N u C B T U P K W H Y u X O N E Y B H L Z N Z G I R
H T K B O R S u A u u u G J A K W C L Q T H M F I X A J C F
V T K N X B F Z U F F Q U R Z H Q T B I D X N I G N B C D P
V A P Z A W S X W H X V A Q V C T N D R K L F Y Q T C O X C
S E G O H D V M N V X E A L A A E T L O W R T G T Q E O L H
H S R F Z O J Q E X X O W M E E F X M E B J P A Y D G C L P
Z J I H G Q I U R Y K Y F S F B Z E T D X H O D M P T A U N
H I u Y N U X M Q E C E H V J R L I Q C W B C G H X I Z E J
E V C M J Q Y J F N N T B X J E A T Z H B L H D A Z Y N U J
B V P E S L D X E F U E P F W I T N Y Q W V M J L L D I F u
H W W D Y I F G Y O S D D G H N T D K O Q K V X E W O A E R
S F P F D T A S S V K R I Y I I P A B L J W B C H O I F W B
I X J D O R X Q K J A J K C J A G T M Z I P H B G J B W O Y
D D X L E C D O I L V J H T C R J W Z X E N C G H M B V Y K
P G K T K O V H L T C Y W C P U U K I F Q L F I K G H W H Y
A Z N Z J X G A L J B H E K G L J D B W H B S Q X F K D G K
M I W G O G B U S S Y Z S S Q L U L F O G F B H G J U A D C
P F D E D V G M C J Z X T O T W Z Y J H Z U S G Z M S W U L
I H A R U M E C E F P P S K G G F O H K H B N K X T Q Q A G
R N B G F T V U N J K R E C S Z J R Q Z S H I R V H V M P F
C B W B H K J D T O E A A L K V V E C D X G X W A R R Q U X
E E S Q D Z G D E S M K T E L U Z T D V V X H I C W J Q E A
K C X D O L N Y R Y L F T V L Z X N O Z L T Q E N M X B D J
V O W P G D N V H D Q W L E S A Z E D F I N W A H M P M V E
I W D H O O R O O S E V E L T Z B C I M B Q S S E A L T H N
J S C K Z L A Q O S Y T E A P D U N M B H K B U Y A F Y Q A
W N V V E I u I H J Y K R N C B C L G J C Z M Y R A C J L E
P P Y E C T S Q G H U R P D P C C B C G D Q Y I W H I T P H
X I T R C S Z I S W R B A M A Y I G U S T N A L A A A Z Y u
H F N M A H A R G N I L G P N D Y I L V B T V O U S H H Y Y
U O T P J F N N T D S B O J J U O D L C V E X K C Z A R B J
```

CHIHULY GARDEN AND GLASS

- ☐ DALE CHIHULY
- ☐ GLASS
- ☐ ART
- ☐ EXHIBIT
- ☐ GLASSHOUSE
- ☐ GALLERIES
- ☐ GARDEN

- ☐ GLASSBLOWING
- ☐ HOTSHOP
- ☐ SCULPTURE
- ☐ REEDSON LOGS
- ☐ ICICLE TOWERS
- ☐ DRAWING WALLS

```
A V E R X C Z G S J J C C Q P W T Q D K Y D A M W K F F T J
P K L Q P D M X A U W Q D A W W C E K S J R H H F L R M K R
W G U R Z K P I W E L L Z V B K P V Z Y Y E Y W H S L A P G
I C K I E W F I N T M E R K X K Q F K L V F M Z Z D L Y N K
I N Q Z N S G I K U K J T A F I L S L V Y A C J L I M A G K
C J H S P T N F P F W M I O Y X Q S M Y C B S B Q W Y A B W
N T B U U E E A S H X Q V G W S L N N L L E I S D F V N E O
E I F A B K O G O L K D P B S K H P H Q Q N G E C J I Q U L
Z B F A S N A T Y T P U L H C S G G M T H R G M X S V C N A
S I Q R H N S F A Q V C M P E E C J W Z R L D K T H E U X C
N H A F O H O E G A Q I B O Y I A R P Z D V V J I G Q A D B
T X X T O F P V L N X S L G E R Y E X I G V Q B G F Z E U G
S E O P O W O H C W I D W C H E A S F D B C P U E S L M N N
G I M G O O L L B O L W W O C L G A X C A D K S L H F D E C
M L U K X W K U Q E Q E O J V L T I V X Z K K B F E X S E F
H L A I G R A O X K D X Q L C A K F C S Y G M U K R J A D K
Z G X W F S W X C S T D R Y B G B Z F I Y Z C F U S U N J U
V W W K F M T N L F C P A F I S E S M S C Y G Q C Y B D L Y
C C D D J K P N L Z W I H L C M S Q B W J L V G C L Q Z S X
B E Q A K A M Y M I I R U U E J F A Q D Z Q E M S K S L T B
Q S O Z K Z N M E C D A L X N C L E L I Q J J T O D L L D N
U U S P R U Z Z T G U P H E Q T H G L G V F F B O A W N C P
H O W P C L N P Z G T I D R Q E F I M D R Z Y J W W J E O D
A H F B D X S S U U N R Q G G O D P H I F U S G R E E S Q F
W S K S J Z M U R C A L R O S Y N Z F U C J N S Y C R R J N
N S T P Y B I E Z G X E X K V N V Q I I L I Y Q O V N Y S Y
B A M L S H W F N W E F A Y V F L W C G W Y R I N Z L O P R
Q L G L O R X C P D A I O F K O W I X A L T U C G Y M R X Q
B G O F A N S M S Q Y J N H Z W L E R N F A S M I C Q R E Q
F U Q Y I Y Z O N T C O X O F P Q D D W Z D S G J Q W R Y W
G N I N P J N F E K Y V K C R C O S M B F Y E S O Y C W O P
B T E K D L H N O X F X P N P S Y R J U G O R B Y A A J W X
F D C R O Z D C A R E J Q V Q E D N D A Q I D O K U F V O O
I U D G X E O M U V S U A O Z C R E U N I U Q I I C D K U L
B K S X C O V T A F J G T E G S T L E U N C K A E V H N Q C
J F T I J Q M N R S T S E O A R Q M E D C W P X K F M I L U
I C A K N A W Y O M A F R Y A I S X J O J D W O D E F V E T
J Y D J D R W C A Y V T U H J L Z M P V T D X S C K T O B K
A I P F F R K C F J N U S H X J O J B A W G Y M X D C C Z B
S H B P O Z O G B Y I P F X B D F X O A X H W L Y K D M M W
```

BACK TO SCHOOL

It's back-to-school time in Seattle! Can you find each of
the items below in the pile to the right?

THE SEATTLE POST OFFICE

Across

1 Make sure you put one on every envelope!

5 Where your mail gets delivered

7 A box all taped up

9 Carries mail house to house

10 Seal it shut to keep your letter safe

12 In charge of the post office

13 "Wish you were here!"

Down

1 Checks the weight of your package

2 As heavy as you want, all for one set price

3 You'll spot them driving around town

4 Get it there fast!

6 You might need this to open your mail box

8 A branch of the federal _____

11 Sticky stuff to keep your boxes shut

SEATTLE CITY HALL

Across

3 How people vote

5 A meeting where anyone can come and participate

6 Members of a community

7 A group of citizens elected to make decisions

8 Elected to lead the city

9 Rules in the community

Down

1 Sign this to make your voice heard

2 A system where people get to pick their leaders

4 Money raised to fund the city

6 The building where city government meets

GETTING AROUND SEATTLE

Across

2 Street, avenue, drive

3 Where two roads meet

5 Watch for the red octagon

8 Pedal hard

11 Wheels on shoes

12 Share your ride with others

Down

1 Just use your legs!

4 Red, yellow, green

5 Mini streets for walking

6 No gas, just plug it in

7 Motorized two-wheeler

9 Wait for the light before you cross

10 Fancy a halfpipe?

WASHINGTON LANDMARKS

- ☐ MT. RAINIER
- ☐ PUGET SOUND
- ☐ SEATTLE LIBRARY
- ☐ HENDRIX MEMORIAL
- ☐ SNOQUALMIE FALLS
- ☐ TEAPOT DOME
- ☐ FREMONT TROLL
- ☐ GRAND COULEE DAM
- ☐ MOUNT ST. HELENS
- ☐ TILLICUM VILLAGE
- ☐ THE GUM WALL

- ☐ PIKE PLACE MARKET
- ☐ DECEPTION PASS
- ☐ CAPITOL BUILDING
- ☐ EBEY'S LANDING
- ☐ DIABLO LAKE
- ☐ STONEHENGE
- ☐ SPACE NEEDLE
- ☐ CROSBY HOUSE
- ☐ COLUMBIA RIVER
- ☐ T-MOBILE PARK

```
F Y N V R R G V L B N C I Y W K V O L C R F N D R H N U N A
H X H F K F R E O G A A Z S R O W B Y R M G W L W N P M R H
S D W A E B E Y S L A N D I N G V M S Q E Y G B K R M B J Y
Q X J G H W C W N B V L D F D A I X D O W E R A M Z Y U F V
R Q M E K U Y K I W L S S I B B K D C R X H A B T Y Z R R G
K P F X G Q K Z K P Z H A V J U R M B W S P N F T Q B N E H
W K I N A A R R P A N A A I Z J E V H F S B D A Z Z C B M B
U N O K L Z L U K B N E S U O H Y B S O R C C S C A J L O D
U Q C S E Y A L Q S V Z J E Q G J R A O P T O H U A R C N I
P Z G M D P H K I O D S Z M L A Z U U L L X U P O J A F T A
Y D M T K E L C W V T J S J V T Y Z L X H W L X A V O H T B
X T P F W W O A S N M X J X Y P T F P U W D E O H J M T R L
B U D E G Z X Q C V G U H V K Q F M D B N L E I A K B R O O
D O R F A R O D Y E Z R C O C J H Z P Z I F D K C L S A L L
N V P L P J K E U Q M W L I S G K L O P R M A Q R N V G L A
Z W P S T Q J C L Q J A A H L N N K G H S G M I A Z F V V K
S N Z N S R Z E J A O W R W M L O I N P J A L R U W U G N E
X G U H C H I P R C C X C K U I I Q D W T Z L F R K H M T M
K U N E N S O T W M H S S I E K X T U L W G W O Q K V V H V
M P S C W T R I T Q S U A K C T R W H A I O L K P Y S K E T
R H C G I N Q O B I K C O B U V Y E H G L U C E N U Y E G C
E E G X S U G N N L M O K I F U W Y L Y R M B L K Z F N U Y
I L D Y X J V P C L I L V M Z O J V O Y B C I L P S F V M N
N S Q Y L N B A Z G A Z H D U B O N V M D K G E O H T T W V
I R Z C A L E S D X R I R Y Y A E M A O K N E J F T F H A K
A T L W D R Y S T U V L R R O S C R S Y F L U W I A I T L K
R W M H C M A K P H P B A O K C V Q H C L B B O M W L P L R
T D W O D E N H D Y H R T M M W S N W S Q R Z B S Z W L A Q
M V Q N B U H S M I B S P A C E N E E D L E B Y G T B O S C
G N H L S I Y E B I O O E Q S S M I I T X E I Y X F E D I D
U J F T P V L P L E J A T H G T C X V W E R B R Z A Q G U V
N Y A V F S N E L E H T S T N U O M I O O A W M L C Y T U J
P C H F F Y L G P G B K X G U C G N X R M O P K T T U L F P
O Q M Y U T Z W Z A O W O S P A U D E Z D H G O E Y M A R D
H N Z M T Y C D F O R G L E U N D O B H O N M L T P D U E S
I T D A Y V U N T H E K V C Y V V Z B L E L E O O D Z F D A
A I E V X W Y D J R G R W F U G W X Y P J N N H L J O G Q S
W S D E L S C W M R S P G L Z C S W E K D C G I R L W M N D
C V J O N T I H B K M J W O U L U K D O B X U E K B L G E O
R E V I R A I B M U L O C F B B Q P H I H C K U P U W I C A
```

I SCREAM, YOU SCREAM, SEATTLE SCREAMS FOR ICE CREAM!

Across

5 Add a banana and call it this

6 Adds a little crunch

7 Fruity and icy

9 The perfect cone, and not "just" for breakfast

10 Don't forget this on top

11 Dairy from cows

Down

1 Mini shovels

2 The world's most popular flavor

3 It's raining rainbows!

4 Drizzle on the chocolate

7 Sweet

8 Thank you, Mesoamerica

Unscramble the words below, then match up the
letters to the right to solve the riddle!

TACS ___ ___ ___ (___)

KILM (___) ___ ___ ___

TRAC ___ (___) ___ ___

RATE ___ ___ ___ (___)

BLEAT (___) ___ ___ ___ ___

HILCL ___ ___ (___) ___ ___

ITEM ___ ___ ___ (___)

WHY DID THE M&M GO TO SOUTH KITSAP HIGH SCHOOL?

It wanted to be a

_____ _____ _____ _____ _____ _____ _____

Unscramble the words below, then match up the
letters to the right to solve the riddle!

EIDH

___ ___ (___) ___

TAE

(___) ___ ___

GAEC

___ (___) ___ ___

TRAE

(___) ___ ___ ___

ETER

___ ___ ___ ___ (___)

EPT

___ (___) ___

HIDS

___ ___ (___) ___

BUT WHY DIDN'T THE SUN GO TO SEATTLE UNIVERSITY?

It already had over a billion

___ __ __ ___ ___ ___ ___ ___ ___ ___ ___

WASHINGTON WILDFLOWERS

- ☐ AGRIMONY
- ☐ TOADFLAX
- ☐ ANEMONE
- ☐ ARROWHEAD
- ☐ ASTER
- ☐ BARBERRY
- ☐ PENSTEMON
- ☐ BLUEBELL
- ☐ BERGAMOT
- ☐ BUTTERCUP
- ☐ POPPY
- ☐ CAT'S EAR
- ☐ CATCHFLY
- ☐ CHICORY
- ☐ CLOVER
- ☐ CONEFLOWER
- ☐ DAISY
- ☐ DANDELION
- ☐ DAYLILY
- ☐ DOGWOOD
- ☐ ELDERBERRY
- ☐ PRIMROSE
- ☐ FIDDLENECK

- ☐ FLEABANE
- ☐ GERANIUM
- ☐ GOATSBEARD
- ☐ HONEYSUCKLE
- ☐ INDIAN PIPE
- ☐ IRIS
- ☐ JABOB'S LADDER
- ☐ LUPINE
- ☐ NIGHTSHADE
- ☐ PEA
- ☐ PERIWINKLE
- ☐ QUEEN ANNE'S LACE
- ☐ RAGWEED
- ☐ ROSE
- ☐ SOAPWORT
- ☐ SPEEDWELL
- ☐ SUMAC
- ☐ THISTLE
- ☐ TRUMPET FLOWER
- ☐ VIOLET
- ☐ WOOD SORREL
- ☐ YARROW

```
P V O Z O Z B P O T A U T I O H H T F G M I G S P X C M E Q
C L Y R R E B R A B J T D N Z S S R R E B E Z W R S J D Z X
F T H T D Q D W D K I O J N I Q E A A O M Q C A I Y G M R L
D J C Z M C I J E T I Z F R I O Q S X J W C H G M X I R P L
G V V H E N V S E J K P I U C Y Y T O Q W P R B P U A V Q Z
P I M I L V R J W Q K E J B H P E E C J Q S A J R H F Z V B
R Y S L K Q M F G A D Q C N P K L R I Z C T R O O D G F I T
X R W B C L H A A F R E W O L F T E P M U R T I S O K I O A
R D K B U T T E R C U P P D S J S T T O M A G R E B F W L W
G O K B S E N A B A E L F K I C I M V U P Z W W Z I M O E B
D D E L Y C T W G I B Y R M J O H P F R V H A P G A P O T P
L Y K Q E Q V A P O L X Q F J P T E W B Z U T F U G P D V Y
N L O U N R X X E Q R E W V Z B I Z D K L Z T F P R G S N Q
N X Y W O F U S N J E D S Q H S V P J B E H Y M B I K O V Y
F X Z C H N L B S R P J O H Z E L K N I W I R E P M G R W W
V O I Q J T M M T A I T F Y P D G T O J Z M O X H O K R O J
R M G C A Z A O E E G N Y L J A W Z C O E V P I Y N M E A L
Z E X D S W U C M S S E N I A N I G H T S H A D E Y K L L F
A V T I L F B O O T P V L L B D G R O X T W M T I I O F O T
K I L W U Y H G N A E J T Y O E I O E X M Q M T K S R Y A M
X E Z D P D Q Z Y C W F N A B L U E A K C S P K T Q B R I Z
C V P N I R I I U A S C S D S I I Y Z Z O A Y O J J E F E P
X N S K N W D H O R T T D Q L O W J U Y R L A L R W S G T R
Q W D V E I Q Z E R X E Y F A N F S J G F D J F O J D X J O
L S X Q W J M Q P O Q B B Y D T X B F H F X Y L G U S C E S
F L E T K F R Q I W K N Y J D J I T C L D X F K R J A P L E
E Z E P Q C H I P H Z D R A E B S T A O G E R D I X B I D A
D U S B H P W E N E X U F P R J A X F G N W H L T L H R E U
W X I H E V N V A A C X N N E C P B G O Y Z N R T U R P R B
C G J N Y U M S I D R X P U N D U V C E O W S P G H R Z B H
W E W Z G F L X D Q C T Q U E E N A N N E S L A C E P U E L
Q T B F N J B N K P R B Y E U L L R E V O L C A P P Q R U
H V N V A W T F I A N J S J N Y Z T O V D A S N Q Q R J R J
T A X X R K Y Y R O C I H C O P A O Y D Q B N H E E M R Y I
Y S P E E D W E L L A A B E M X O R L Q F Z P K S U V L R L
S I R I J M J M L D X I M U E J J S R B X P V H B U S H N H
C X V A Q L E Q J S L V Y L N N T L D O O W G O D T M Q M F
G W C D F K K I Y G F V T B A S L I U D W Y H R H R X A U M
A Q R Y Z X C D V C T I K L L P Y J F J F R W H S H T N C A
H U Z G P T J A H T G V O Y S B P R A Z V B Q D A A P V Q M
```

STAN, CLEANUP ON AISLE 7

The grocery store shelves are a bit jumbled. Can you get out before your ice cream melts? (That's the worst!)

IT GROWS IN WASHINGTON!

- ☐ APPLES
- ☐ BLUEBERRIES
- ☐ CHERRIES
- ☐ ONIONS
- ☐ SWEET CORN
- ☐ RASPBERRIES
- ☐ GRAPES
- ☐ CARROTS
- ☐ CRANBERRIES
- ☐ PEARS
- ☐ WHEAT

- ☐ PEACHES
- ☐ SPEARMINT
- ☐ PEPPERMINT
- ☐ POTATOES
- ☐ BROCCOLI
- ☐ BEETS
- ☐ ASPARAGUS
- ☐ CABBAGE
- ☐ BLACKBERRIES
- ☐ GREEN BEANS
- ☐ PUMPKINS

```
O H Z O P U M P K I N S H W I Y Q X F Y B H X I U J S I X J
M C V L P V R O Z I B O Z S K V D H H V J F A U N W E C G V
W W A T N I M R A E P S D I B C Q W X C S L T C C G H T N W
N Z Q B G I X Z Z W E J Q P T K W H M Y A J V O N K C B B X
W C Y C B F N K D B F M U F Y I O J P L E V T N P E A R S O
N H P P N A W J C R B A D Y Q D N X P R F L N R P C E W M C
X L K M W M G I S E R S O I M W G R Z N G G U S R T P D H Y
R F T I C C Z E W F Q A J D L X J T F N M M W R C P E K Z Z
O E E N K U A A E Q V A I G Z B H R Z S Y F T W Y U P N S O
P E Y O T F A J E S Q L J F K M E Q N E O I F U H Z P O F P
F R M Z P N A V T Y B L A C K B E R R I E S O S V S E R G V
C F Q V R N P C I E W E R L U S E I R R E B P S A R W V D
A D G Y F H Y U O C Q T F T J T S H K Z I K K K Y J M V P Q
G W U S W U E H R R L V Q S N A E B N E E R G Z D S I Q X S
T I F I N R G W N T J D O F O W L C Z T Y F C K V Q N R S I
F L C A H A P P L E S Z H O H E Q U D A Q R Q A C Y T E G S
Y E E N V T Q T G T B J P U E H M X A C I T R G R E I J Q Z
N F N S S A I X T I V L Q J V Z H N P K N R S J Z R G U W V
A S F I Y T Y A N O G R M K K S T X W Q V W C J R E O D K D
A D N Y W E X B O Z E O Q W U M M D V B F L S E U X Y T P Y
X G A T H U Y C N Y V Y L G N I L O C C O R B Z X Y S D S H
E O R L Q O A S I T P H A V S T O M N T A N F G F G J T X N
P R P A T Y E T O B E R T W R Z W G F E A D P M X T F X M N
Q M A U P I H E N T A G B Q D V A Y Y R A X Z O J Z E N E L
W T A Q R E I H S P C Y H V E T H M C N P U C V P N L R I H
U X A R I L S B S F Q P Y P S W I I R J J H F B G H J O T L
F K E N H X I A V K G D B U S H H N O P K M L H K J M C J H
O H S G W B C Y Y V T B X P N I B D A X K G I L G K G S W C V
C J Q O P K N B N F Z L Y U Z W B Y J A W H U D Y V D S J C
T E S M B H W J F H Z X U M H L M K Q T Z W M S N X H E T R
I Q W A T V Z G E O R I I E E X K E U A C U D V G X S G I G
O A P B E M R V E C B O A H B H L N I S U R V E V J O V U L
S B I X Y B X U S W Q T Q P Y E Z O S R F E W K Q N O K O V
F G N S F S M Y E V V N K D S X R F Y M J D G V V X A B Y L
S N L X V J F L O W O I C J S Z R R O N L W K E X R E H W O
F F H A T Z K S T E L W A R Y W T H I O Y H L F B Z D D U S
Q B C H J H W Y A P R K V A M V C Z X E Q N W H U K G D F T
U U G I V H E I T O B E Y F W G K B J C S U V L V R A T W E
R L Y Y U O Z K O J X I A B J L E X T F R P O N A A O O N E
B K G O W U V U P G N Z G M J Z U S U V V A B F I W G T V B
```

STATE GOVERNORS

- ☐ FERRY
- ☐ MCGRAW
- ☐ ROGERS
- ☐ MCBRIDE
- ☐ MEAD
- ☐ COSGROVE
- ☐ HAY
- ☐ LISTER
- ☐ HART
- ☐ HARTLEY
- ☐ MARTIN

- ☐ LANGLIE
- ☐ WALLGREN
- ☐ ROSELLINI
- ☐ EVANS
- ☐ RAY
- ☐ SPELLMAN
- ☐ GARDNER
- ☐ LOWRY
- ☐ LOCKE
- ☐ GREGOIRE
- ☐ INSLEE

```
V A I C B J B O C S P M P W F N E I W M F U K U X A U K A L
Q S J P A L Y K B H R N V R Z S Q K U N D H H V L N N C W W
W V T Y I W J I E O E N G H J Y N F O C U T O V V U V I P O
T N T Y A M F C D T T H Q Z A V Z E N P N W U C Q F B S R J
Z J C K P Z M S Q P B V F V Q M R I R Z N H Z T T G Y S T Q F
R H W N V K T X P G L S I F M B T R B H X Z M U X P H B J E
M I V N B U P Z Q H K F V J I J B Y M G J H Z F J U A V N L
F Q Q U M Z C P C N A Y U S G C Q G A R D N E R C L Y V E T
C D O Z D T G W L Q Y R D W D I V M K Y V B S H F D H B M M
T P Y J Y F Y F E H X U T G I V F W Z X N N U D Z O L C I W
D F I P V S U V R F Y U R L J Q D B P J U R E T S I L W V Z
L U Z Y T X O P M K I Q G K E E O L S R V I V I W Y C W P U
Z R I R H A N P H Q X Q X G W Y W D M V I N O E I X N M C R
L U C W Y F P E W R P V N R Q C C P P O I Z R L P A K O W X
I X Y O L A P X R E N H M K O A Z H E P R O G E R S I S U H
A C Z L H Z R V G G P J G P C J C S Z C X X S V Y Q U E D F
D C X I L C V F S Z L D M I O Y D T Z Z K P O H N L G K N J
N A M V Q N D K H E K L A I F H F Z I P L O C K E P V Y F W
Q C G G M I H K M T S N A V E K R B I Z K E U Q F G E A O Y
W T J Q A K E U M G N Z E W U C N L L F M F T M U N L W E A
J S J U G C V E M C G R A W P V X X C S J N M V W V V P P G
T A G J T I B Y X A I M J R V P W V B Z Z X M R W G A E P
K Q U Y E U S W W O U L R X C W S O B U M K B V D U H D Y Z
A B U S T C S G Z H F D U K F W F L M V Y X X Z B I B H Q
X Y D V B D H E Z S X T P Y X B P U A N C F H P T R W C H Z
H B I U S E R G S N G O U V E F V R N F C K N Z B B N B X Q H
K E R Z W G Y B O B E D W L W G T W G T U X V C P J B T Q R
M P P R D O H X H S L F L S Y I F D L G C Y M I Y X E J Q J
M K R X C U A E B D A C S G N H I N I L L E S O R H I F G P
L P Y F T B J B K N M E H Z I Q Y S E S K G B Y G H V K P T
J D S S J R E Q E U H S E O P Q V C N P T K O V S I Z X S S
O A I Y W Y Y V O X K F P E Z O W K T C B S G L S L Y F Z S
A E Y P O C F A I C P Q P E J H S V N K Q N T D L R E C U N
U M U T T G Z C U U V B Q L Q E B N C W Q K Q X W X N Q R N
U S K S J B S Z B C M G W S P C M D C S E E O E Z Q K M N U
O O E U G G C K Y R S D U N U Z P A Z G Z P I N Q Y W J W R
Z W R X O I T J F G I N M I X L K A U V D W Q K M G H K R F
M R W H F R Z O N Z E M T G J T J F H N G C P U X A Y I L U
Z L S I L N H O M O U G Q L Y Z I C V N K M Z M B A N E Y N
L R Y P X S P E L L M A N V Z B W U A H Q R N U N C Y W Q H
```

Unscramble the words below, then match up the
letters to the right to solve the riddle!

SIKS ___ ___ (___) ___

OYT (___) ___ ___

TRUS ___ (___) ___ ___

ODOF (___) ___ ___ ___

EIFL ___ ___ (___) ___

TEV ___ (___) ___

DIRE ___ ___ (___) ___

WHY DIDN'T THEY FEED THE ANIMALS AT THE MUSEUM?

They were already

_____ _____ _____ _____ _____ _____ _____

WASHINGTON ANIMALS

- ☐ BLACK BEAR
- ☐ GRIZZLY BEAR
- ☐ WOLF
- ☐ COYOTE
- ☐ FOX
- ☐ MARTEN
- ☐ FISHER
- ☐ WEASEL
- ☐ MINK
- ☐ BADGER
- ☐ RIVER OTTER
- ☐ SEA OTTER
- ☐ SKUNK
- ☐ SEA LION
- ☐ MOUNTAIN LION
- ☐ RACCOON
- ☐ ELEPHANT SEAL
- ☐ LYNX
- ☐ BAT
- ☐ VOLE
- ☐ BEAVER

- ☐ PORCUPINE
- ☐ MUSKRAT
- ☐ GOPHER
- ☐ SQUIRREL
- ☐ CHIPMUNK
- ☐ MOUSE
- ☐ ELK
- ☐ DEER
- ☐ MOOSE
- ☐ ANTELOPE
- ☐ BIGHORN SHEEP
- ☐ MOUNTAIN GOAT
- ☐ BISON
- ☐ SHREW
- ☐ HARE
- ☐ PIKA
- ☐ RABBIT
- ☐ OPOSSUM
- ☐ WHALE
- ☐ DOLPHIN
- ☐ PORPOISE

```
H B V D V M K A N E Z M J W M Y G V L X G G R B F B R J E B
P L T Y J J K Q J B L S D X G D Y H L A Y B N N W X C S Y T
L N L M O N B G X P Y J R G W V J K Y D P Z C A K F U R E K
L B J M T R C H W Q A J A F S N P T C S D B L A C K B E A R
Y A S N X J B F C B T H E N N G K C F L R R N L I U S E N H
I D N N O S I B Z G P M B S A A K W J N A Z W P T I X D P F
H G E S U O M X P V T U Y U V R R G K B M Z H V U G I R V J
P E P F M Q R Z D A X S L S R L R R B J C R O A Q S K I U B
Z R E T T O A E S S N K Z Y W A K I P P N L Y V M R G G G M
R P O X R F H B U K O R Z S N W T N X W E Z V Z L D K Y C Q
N A O S L Q U A W O I A I D Q O L M I T I I Y S N H F S R K
L C P F M I F T G L L T R N Q S O T U V B Y K P Z B Q O Z T
E F O X V I G E W A N U G I Q Y Z H V Q F P R Q Y R J G D H
A T S N E T R A M C I F E P U S A E T O G Q O D O C J K W B
K I S X A H G D X C A L I K B R G W Z R E T T O R E V I R Q
K V U V Y W J E S B T Q J V E K U S Q A O R M E R G G O Q S
J I M M O H J H S K N X M R F G P I C K Y R C D C Z G U H S
P G U R C T J O U I U A G N V S N J K U E P O L E T N A P X
N S N O O C C A R B O N Y Y M L W U A H N W R S V G B L J U
B B K R M V H Y D O M P K C P X P V S H L O X M F U E O N W
S B W F C T J K H P D Q R X K B A I Q A G L H I P R O G W U
S A U K F J I D O C P L Q O I L F S X R K F M J R S N L H Q
V J O V J M P W K J A J Q J P M O O S E K V E I H D E D A I
E U O T G G Q E Q T O M I E Z B P C T V K H U R N U N B L D
N N S W P Q D N E P H G W C G F M K C A K Q E W Y Q T I E M
D A Z X I F G I Y H H E H J S D V O N E S W P Y P J N T S Q
D O S J X Q J C O Z S I N G L Y E D U B R O A Q Y O V U E N
O Z Z X D X A T I G P N M I N K W K B N E F F O Z H U W R R
V T F P M V H Y F M H M R N P I D L E D T C K L K A Y B E V
M E C O Z Q A J U N C N Q O L U Y E S L B A D C Y O L H U O
L P I W X D C N O I L A E S H N C U R P A R I F I K P L A B
A B N L E Z K R U F U Z H S X G V R Z X W S U N A O K Z G U
B J O V P I F N X Q U U X V I Q I C O H X W S E G E P Z T J
S R D X F U B X X O P B R Z V O H B D P C Z T C A O F D V K
Z Y F Q S N N I H P L O D X X Y D Q L Z K O Y W R B A Q K Y
I B O T Y B N D Y E A D H D S I Y X M A Y E Z E E L A T D M
N V U X H X U S N W X N I T P W O I O O C U U U C A L D S V
B U Z C E K F U J U Z C C S L F G E C B A M O D K W S T K A
B H E O Z R D R J S O N Q L N F J E S C I S S X N D U E B W
G C P L A E S T N A H P E L E P H O T I M V P B O E W Z L A
```

SEATTLE GOES TO THE GROCERY STORE

Across

4 Where to park your car

6 Buy One Get One

10 A row of products

11 Helps you check out

12 Wheeling it around sure makes shopping easier!

14 Get your bread, cakes, and muffins here

15 Foods packed in tins

Down

1 This produce came from nearby farms!

2 Ice cream, pizza, popsicles, oh my!

3 Roses, orchids, and more

5 Get your lunch meat and macaroni salads here

7 Your proof of purchase

8 Paper or plastic? Nah, I brought my own

9 Did you bring your prescription?

13 Turn this in for extra savings!

We try hard to make sure our books are accurate and error-free, but if you come across an oopsies, do let us know at bushelandpeckbooks.com. Please note that to accommodate space in the puzzles, the names of some places have been abbreviated. Thank you!

Bushel & Peck Books is dedicated to fighting illiteracy all over the world. For every book we sell, we donate one to a child in need—book for book. To nominate a school or organization to receive free books—especially one in Seattle!—please visit https://bushelandpeckbooks.com/pages/nominate-a-school-or-organization.

All graphic elements licensed from the following Shutterstock.com artists: anntre, Fafarumba, Aluna1, Farah Sadikhova, gata_iris, Rebellion Works, Lemonade Serenade, Nikolaeva, Maslakova, IrynMerry, JosepPerianes, hchjjl, Irfan Cholis, mazmatto, BananyakoSensei, mhatzapa, Santy Kamal, igor malovic, ArtMari, topform, Martina V, ratselmeister, VOOK, ratselmeister, Khaladok, ratselmeister, Yu_Zhdanova, Oleksii Arseniuk, Maryna Stamatova, and aydngvn.

ISBN: 9781952239496

First Edition

Printed in the United States

Printed in the United States
by Baker & Taylor Publisher Services